Leikashi:
Ain Ungshung Khangasak

Leikashi:
Ain Ungshung Khangasak

Dr. Jaerock Lee

Leikashi: Ain Ungshung Khangasak by Dr. Jaerock Lee
Published by Urim Books (Representative: Johnny H. kim)
73, Yeouidaebang-ro 22-gil, Dongjak-gu, Seoul, Korea
www.urimbooks.com

All rights reserved. This book or parts thereof may not be reproduced in any form, stored in a retrieval system, or transmitted in any form or by any means, electronic, mechanical, photocopying, recording or otherwise, without prior written permission of the publisher.

Copyright © 2016 by Dr. Jaerock Lee
ISBN: 979-11-263-1288-7 03230
Translation Copyright © 2014 by Dr. Esther K. Chung. Used by permission.

First Published in May 2016

Previously published into Korean by Urim Books in 2002

Edited by Dr. Geumsun Vin
Designed by Editorial Bureau of Urim Books
For more information please contact: urimbook@hotmail.com

"Leikashi china khongnainaoli khayon masalak mara. Chiwui vang eina leikashi hina ain hi ungshung ngasaka."

Romans 13:10

Foreword

Manglawui leikashi manga eina lairik hi kapa bingna New Jerusalem chi samphangsera da shitsanga.

UK wui advertisement company akhali Edinburgh, Scotland wui eina London, England khavali khina thakmeithui khala da ngahana. Hili ngarakzak eina ngahanka kashapali saman kahak mirada sai. Chiwui answer chi kachangkhat eina hangsa chikha leikashi bingli ngaso kazat hina. Hithada leikashi bingli ngasozat akha ram talak eina zatlala nganailak kahai thai kaji hi ithumna thei. Hi ngaraicha eina ithumna Vareli leishikha Awui tui chi otsak eina kachitheihi masakmana (1 John 5:3). Ithumli chotlak sakhui khavai Varena Ain kala Ningkhami mayonlu majihai mana.

'Ain' kajiwui tuihi 'Torah' kaji Hebrew tui eina kharana, hiwui kakhalatva 'statue' kala 'lesson' kajina. Torah kaji hi Ningkhami Tharali kahangna. Kha 'Ain' kaji hiya 'salu' kala 'masalu' da kapi kahai Bible wui 66 lairikli kahangna. Mibingna ain hi leikashi eina manganai mana, ngatei ngaroka da phaninga. Leikashi hiya Vareli khaleina, hithada ithumna Vareli maleishikha Awui Ain chi mamayonrar mana. Ain kaji hi ithumna leikashi eina maningkha mapung phada mamayonrar mana.

Varewui leikashi pangshap kachithei khararchan akha lei. Mayarnao akha plane kateonao akhali tongda situi lamhang akha makan khavai kasa tharan mahan-ung thei thumana. Atam hitharan avāva hi kashanga mi akha sahaoda anaoli vakan khavai mi chihovai. Chili lairikli 'Inao, I nali leishiya' da kapilaga ngayaowa. Hithada ana lairik akha chi samkaphang eina ali kathak eina rakankhui haora da phaningshap haowa. Kachachangda leikashi manga eina rakankhuishap haowa. Avāvana lairiknaoli 'Inao, I nali leishiya' da kapilaga ngayao khava thada ithumla Varewui leikashi hi mangla bingli ngayaova phalungra.

Varena ithumli leishiya kajihi Awui Nao khalumali morei

kaphunga bingli kankhui khavai okathuili chiho khara hina chithei. Kha Jesuwui atamli Ain kathema bingna Ain mangli yang haida Varewui leikashi maramli mathada mathei thumana. Athumna Varewui Nao Jesuli Ain kaikhangasak mina da khuilaga krush tungli sathat haowa. Athumna ainli samkaphang Varewui leikashi maram chi matheirar thumana.

1 Corinthians chapter 13 hili 'manglawui leikashi' maramli kapihai. Hili Varena mikumoli leishina haida Awui khaluma naoli okathuili chiho khara kala Varewui leikashi manga eina morei lungli shiman haoki kaji bingli kankhuimi khavai maramli kapi hai. Ithum nala shiman haoki kaji mangla bingli Varewui leikashi hi chitheisa chikha manglawui leikashi maramli theida ringphalungra.

"Chieina ina nathumli ningkhami kadhar khamina kaja nathum akha eina akha leishi ngaroklu. Ina nathumli leikashi thada nathum akha eina akha leishi ngarok phalungra. Nathum akhana akhali leikashi leikha nathum iwui sakhangatha bingna kaji saikorana theira" (John 13:34-35).

Lairik hi kapa bingna manglawui leikashi maram theida kayakha ngacheikhui shapra khala da khalatali check sakhavai lairik hi kaphongna. Editorial bureau director Geumsun Vin kala chiwui staff bingli ningkashi mida lei, kala lairik hi kapa bingna leikashi eina ain ungshung ngasakta mathameithui kaji kazingram New Jerusalemli kazang samphangsera da shitsanga.

Jaerock Lee

Introduction

Varewui khamashung manga eina lairik hi kapa bingna mapung kapha leikashi samphangsera da phaninga.

TV channel akhali shakza kahai shanao bingli research wui vang question ngahana. Lakluishita shakzara chikha nathumwui gahara bingli mashakza ngaira khala da question chili ngahana. Chiwui answer chi ning sazalaka. 4% shanao mangna athumwui gaharali shakzara da mayai. Athumna leishida shakza hailaga khiwui vang eina ning ngacheilui haodo? Hi manglawui leikashi makhalei wui vang einanana. Leikashi: Ain Ungshung Khangasak kaji lairik hina manglawui leikashi maramli tamchitheira.

Part 1li parei gaharwui ngachaili, avavā eina nao ngarawui ngachaili khalei, kala ngasotnao kala khongnainaoli khalei "Leikashiwui Kakhalat" maramli kathei samphangra, kala hi theikahai eina mangla eina phasawui leikashi khangatei chi theira. Manglawui leikashi hiya mibingli ning mangacheila leishi kashapli hanga. Kha phasawui leikashi hiya apam atamwui athishurda ngachei haowa. Hina maram sada manglawui leikashi hi matailak haowa.

Part 2li 1 Corinthians 13 hi akhum kathum eina chithei. Khareli 'Varena Ningkachang Leikashi Yur' (1 Corinthians 13:1-3) hina mangla wui leikashi kakhalat chithei. Kakhaneli 'Ngakheikhang kahai Leikashi' (1 Corinthians 13:4-7) hina chapter hiwui khamataiyana, kala hina ngakheikhang kahai manglawui leikashi 15 wui maramli kapihai. Kakathumali 'Mapung kapha Leikashi' hina chapter hiwui conclusionna, hili kazingram thanvaki kaji shitkasang, kala kachihan khani hi hunakhawui vangna kha leikashi hiya katang mavai mana, kajiwui maramli kapihai.

Part 3 'Leikashi hina Ain Ungshung Ngasaka' kaji hili leikashi eina ain wui maramli kapihai. Hili Varewui leikashina maram sada mikumoli ngatang khuimi kala Christawui leikashi manga eina huikhamiwui khamong shomi kaji maramli kapihai.

'Leikashiwui Chapter' hi Biblewui 1,189 chapter ngachaili akhana. Hi lan kali leikhala kaji kala New Jerusalemwui shongfa kachithei chapter akhana. Ithumna map leilala chiwui athishurda mazat akha aremana. Hithada manglawui leikashi hi maleikha aremana.

Manglawui leikashi manga eina Varena ningyang unga. Kala ithumna Varewui tui kasha eina manglawui leikashi leikhavai saphalungra. Ithumna manglawui leikashi leikhaleoda Varewui leikashi kala sokhami samphangda mathameithui kaji kazingram New Jerusalemli kazang samphanga. Mikumoli semda huikakhui kaji hi Varewui leikashi alungli khamataiyana. Lairik hi kapa bingna rimeithuida Vareli leishida khongnai binglila leishi shapra. Hiwui manga eina athumna New Jerusalemwui gate shokhavai chāpi samphang khavai ina seiha sai.

Geumsun Vin
Editorial Bureau wui Director

Table of Contents ~ *Leikashi: Ain Ungshung Khangasak*

Foreword · VII
Introduction · XI

Part 1 Leikashiwui Kakhalat

Chapter 1 Manglawui Leikashi · 2

Chapter 2 Phasawui Leikashi · 10

Part 2 Leikashi Chapterli Samkaphang Leikashi

Chapter 1 Varena Ningkachang leikashi Yur · 24

Chapter 2 Leikashiwui Ngakheikhang kahai · 42

Chapter 3 Mapung kapha Leikashi · 160

Part 3 Leikashi hina Ain Ungshung Ngasaka

Chapter 1 Varewui Leikashi · 172

Chapter 2 Christawui Leikashi · 184

"Nathumli leikashebing mangli leishi akha china nathumli khi tongkaza leikhala? Kaja morei kaphung bingnala athumli leikashe bingli leishiya."

Luke 6:32

Part 1
Leikashiwui Kakhalat

Chapter 1 : Manglawui Leikashi

Chapter 2 : Phasawui Leikashi

Chapter 1 — Manglawui Leikashi

Manglawui Leikashi

"Leikashebing ithum akha eina akha leishi ngaroksa kaja leikashi hi Varewui eina kharana. Leishikatha mi chi Varewui naona. Maleishikatha a chiya Vareli mathei mana; kaja Vare hi leikashena."
1 John 4:7-8

'Leikashi' kaji tuihi thada kasha mang einala ithumwui wuklung ning ngatha ngasaka. Hithada ithumna mibingli leishishap kachangsi kaj china mirinli ringphameithui kaji ngasara. Thiuki kajiwui eina ringluida leikashi manga eina okthuitheilak okthui kahai mi lei kaji ithumna shachinga. Hithada leikashi hina mirin ringpha ngasaka; leikashili mirin ngachei khangasakwui pangshap lei.

The Merriam-Webster's Online Dictionaryli leikashi kajihi atheisa mashoklala ningchang khangarokli hanga, or ning ngarumda ngachon khangarokli hanga. Kha Varena hangda khalei leikashi hiya chuimatailaka, hiya manglawui leikashili kahangna. Manglawui leikashi hiya mi kateiwui vang phaningmi, ringpha ngasaka, kachihan leingasaka, mibingli mirin mi, kala khangachei mavai mana. Langmeida Varewui leikashi hiya hunakhawui vang mang maningmana, china huikhami samphang ngasakta katang makhavai mirinla mi.

Agaharali Church Thanra kashap Shanao Akhawui Khararchan

Atam akhali Vareli ngavaplak kahai shanao akha leisai. Kha agahara china ali church maka ngasakngai mada rekharek chingsai. Chithalala ana thangkachi seiha kasali vazangda agaharawui vang seiha sami chinga. Thang ngathorkha ana agaharawui pheihop akha khuida seiha vasai. Pheihop chi ngavamda chara talaga, "Vare, ajava pheihop manghi churchli kharana, naodava pheihop hiwui akhavapala church raka ngasakmilu."

Chiwui einava matakhak kahai khikha akha shok-haowa. Agahara chi church raka haowa. Khararchan chi hithai: thangkachi agahara china ot va-ukida pheihop tongkakhui tharan pheihop chi lumtur eina leisa chinga. Laga thangkhava apreiva china awui pheihop singzat kasa chi theida ali shurkazat tharan churchli vazang haowa.

Ana matakhak eina apreiva china pheihop chi khi savaira khala da yangpama. Chili ana pheihop chi ngavamtitlaga church alungli seiha saphok haowa. Agahara china seiha sada khalei chi nganalaga awui vang sokhamina kala phakhavai serra da theilaga apreivali sakahai chi phaning ungda ning sazalak haowa. Chiwui eina apreivana ali leikashi chi theida ala kapha vareshi akha ngasa haowa.

Pareinao kachungkhana agahara ngarana church maka ngasakngai mana chihaoda athumwui vang seiha samilu da ili hangchinga. 'Iwui vang seiha kha samilu igaharana ili marekharek lui khavai' dala hanga. Kathara sada manglawui mi ngasalu, chithakha nathumwui problem chi solve sara da ina athumli ngahankai. Hithada athumna makapha morei chi horhai khavai hotkhana chithada agahara ngaralila leishiki kajina. Wuklung ning chikat chaoda otram ngathada khalei pareiva ngarabing chili agahara ngarana kathada chiyakha sashi kachangra khala?

Thuikahai atamli apreiva ngarana agahara ngarali khayon phempama, kha ara khalatawui makapha chila theivada ning ngateiphok uwa. Chiwui eina manglawui kahor china tangkhamang chi khuithuimi haida agahara ngara chi ning ngacheishap haowa. Makapha kasa bingwui vang khipana seiha samishapra khala? Khipana khongnai bingwui vang chikatmida kachangkhat leikashi chi chitheishapra khala? Hi Proho Jesuwui eina khamashunga leikashi tamkhui kahai Varewui naobing mangna sashapra.

Makhangachei Leikashi kala David eina Jonathanwui Khamashit

Jonathan hi Israelwui rimeithui kaji awunga Saulwui nao mayarana. Davidna ngalungnao akhamangna Philistinewui Goliathli yuikahai chi ana theida David hi Varena ngaso khami raimi akhana kajihi theihaowa. Jonathanna army general akhana chilala Davidli khaya shilak haowa. Chiwui eina ngasotnao sada Jonathan eina David mashitlak haowa. Jonathanna David liva leishilak haoda awui vangna chikha khikha mangangla ot sasai.

Saulli ngazekup kahai eina Jonathanwui ning Davidli shaptit haowa, kala awui manglali leikashi thada Davidli leishi haowa. Chithang Saulna awui shimli thanung laga ashi shimpale maung ngasak thuwa. Jonathanna Davidli akhalata leikashi thahaoda ani khangashit akha sai. Jonathanna awui sari raikhuilaga Davidli ngavaimi, kala rai sarila, raikhāila, malāla, shaneirala Davidli miser haowa (1 Samuel 18:1-4).

Awunga khare Saulwui nao sada Jonathanna wungpamkhong khuirānna, kala Davidli mi kachungkhana kahao haida ali mayangkhangaila leikapaina. Kha ana awungawui ming maningchang mana. Kala awunga Saulna Davidli sathat khavai kasa tharan Jonathanna awui mirin kanmithaya. Hikatha leikashi hiya mathirang eina tangda mangacheilak mana. Hithada Gilboa raili Jonathan thikahai tharan Davidna chapngachada ngazing eina tangda zat mazala khumpamma.

Nawui vang ining chotna haira, ichina Jonathan! Nana ili ngahan khangai, nana ili leikashi matakhak kahai. Pareivawui leikashili langmei (2 Samuel 1:26).

Davidna awunga thuikasa tharan Jonathanwui nao mayara Mephiboshethli Saulwui shakei kala thongthang katonga hanmida awui nao akha thada nganaomiya (2 Samuel 9). Hithada manglawui leikashi hiya mina sashiman khavai sasalala kala khalatawui vang kana khavai maleilala mili ning mangacheila leishi shapa. Khikha akha samphang khavaina chida leikashi hiya mamashung mana. Manglawui leikashi hiya ning kathar eina miwui vang chikat khamili kahangna.

Ithumli Vare kala Prohowui Makhangachei Leikashi

Phasawui leikashi manga eina mi kachungkhana kaphaning kakai samphang ngarokta lei. Phasawui leikashi china ithumli khanang khangasakli ringpha khangasak athum bingchi ithumwui ngasotnao ngasa haowa. A chiya Prohona. Khikha khayon maleilala ali mina chipatmida horhaowa (Isaiah 53:3), chieina ana ithumwui wuklung theimi chaowa. Ana kazingramwui tekhamatei chi horhaiphungda okathuili ralaga kachot kachang raphungmi. Hithada ahi ithumli ringpha khangasak ngasotnao ngasa haowa. Krush tungli mathirang lakha eina tangda ana khamashunga leikashi chi ithumli chitheimi.

Ina Vareli mashitsangrang lakha phasali sakashi kazat kazada imang kapamwui kachot chi theikahaina. Zingkum shini kazapamda leiman chungsang haowa kala mina chipat nganaoda kachot hangkhavai malei mana. Chili ina shitkasanga kala leishilak kahai mila thuiser haowa. Kha ina tangmangting eina okathui atam chitharan kachi katha mi akha rai. Chiya Varena. Hithada ina Vareli kathei eina ngalangda iwui kazat raichao haida mirin kadhar akhali okthui haowa.

Varena khami leikashi chiya aman mavai mana. Ina Ali rida leikashi maning mana. Ana thada ralaga pang ngaran kashokna. Hithada Bible pakaphok tharan Varewui leikashi khon chi ina shahaowa.

Na mangda khalei naoli avavana malaishapla? Awuk eina kashok naoli malumashan marala? Athumna malaihaisalala iya nali mamalai mara. Yanglu, nawui zak ipang mayali kapisang haira; nawui raipan iwui mangali leichinga (Isaiah 49:15-16).

Varena awui leikashi ithumli hithada chithei; awui naoho naotong chihorada awui manga eina ithumli kahui samphang khavai sai. Leikashi kaho chi hithai; ithumna Vareli leishi khare maning mana kha ana ithumli leishida ithumwui morei pheomi kahaiwui vang maseimi khavai anao mayarali chihorami (1 John 4:9-10).

Ina kazada mi katongana notha hailala Vareva chi mathamana. Hithada ina Awui leikashi kathei tharan chara matasa kaji mararlak mana. Iwui phasa khangashei china maram sada Varewui leikashi chi kashung kachang khata kaji theishapa. Ara I Varewui rao akha sada mi kachungkhawui manglali mathan ngasak khavai vang pastor sada lei.

Vareva leikashi chilaka. Morei kaphunga bingwui vang Ana Awui Naoho akhamang chi okathuili chihorami. Laga ara Ana ithumli aman kasaka khamatha apam kazing wungram chili rakhavai ngaraipamda lei. Varewui leikashi hiya ithumwui wuklung kateokha manglala shokhami tharan kathei samphanga.

Okathui kasa eina thuilaga Varewui mathei kharar magunbing, awui katang makhavai pangshap eina tharkhamathengwui khangacha chi ana semakahai otbing chiwui eina mibingna tharza eina theihaira. Chiwui vang eina athumna phayetkhui khavai apong katei maleilui mana (Romans 1:20).

Naturewui khamatha hi phaning yanglu. Blue machu

kazingram, shamadru kala thingna raha katonga chi ithumwui vang semmiya kala hiwui manga eina ithumli kazingramwui kachihan chi leingasaka.

Shamadruwui tara khangaphao, dance kasa thada sira bingwui kahor, kazing khangashum; kala masi khanim hikatha thawui alungli Varena 'I nali leishi' kaji akhon sashapa. Ithumli Varena kapangkhui haoda ara ithumli kayakha leishira khala? Ithumla mashungda leishi phalungra.

Chapter 2

Phasawui Leikashi

"Nathumli leikashe bing mangli leishikha china nathumli khi tongkaza leikhala? Kaja morei kaphung bingla athumli leikashe bingli leishiya."

Luke 6:32

Mi akha Galilee yireishongli mai ngareida yaruiwui alungli nganingda lei. Yireiwui tara khangaphao chi dance kasa thada rai. Mibingna Awui tui nganapama. Ana kaphungli leida khalei mibingli okathuiwui kahor kala machi ngasa khavai kala yangkashe bingli eina tangda leishishap khavai tui hangpama.

Nathumwui leikashe mangli nathumna leishi akha khi saman samphangra khala? Kāshina khaloka bingnala chithada masamala? Nathumna nachina ngara mangli ngahan ngaiakha katei bingli nathumna mataimeida kasa khi leikhala? Vareli makathei bingnala chithada masamala? (Matthew 5:46-47)

Hili ana Vareli makathei kala makapha bingla kanna khavai leikha mili leishishapa da hanga. Ayarli kapha thalaga kachangkhat makhaning leikashi lei. Hi khikha makhaning maram kateonao chinala ngachei khangasak phasawui leikashi china.

Phasawui leikashi hiya atamwui athishurda ngacheiya. Situationna ngacheihaikha leikashi chila ngachei ngalanga. Hithada mibingna kanna khavai apong kathei tharan ningla ngachei ngaroka. Mikashok kachi hila mibingna khikha akha samphang kahaiwui thi maningkha khikha kanna khavai kathei tharan mingaroka. Khikha akha samphang khavai khami, or mina khikha mamirar akha chida mami khangai kaji hi phasawui leikashi apongna.

Avavā eina Naongara bingwui Ngachaili khalei Leikashi

Avavāli khalei naongarali leikashi hina mili ngachei ngasak shapa. Nao khanganaoli naongarali leishi haoda saknaya kaji akhala malei mana. Khalatawui vang mangarinlala naongara bingli kashan kachon ngavaishap kala zat thoshap khami kaji hi khangachana. Thalala kanna khavai yangda naongara bingli leikashila lei avavā ngara bingwui khangathuma wuklungli.

Athumna naongarali leishi kachangkhat akha khikha samphangra kaji maphaningla mirin eina tangda chikatmi shapki kajina. Kha avavā kaikhana athumwui kanna khavai phada nao khanganao lei. Athumna "Nathumwui phakhavai ina hangkhamina" da hanga, kha kachangkhatva khikha akhawui vang kahang ngasai. Avavāna maning kachang ot sathui kahai kala ngala khuithui kahai atam tharan wuk-khananglaka. Hina kachitheiva athumwui leikashi chi condition leiya kajina. Naongarali leikashi chi khikha akha kanna khavai kasana.

Khangacha eina naongarali henmei kharda avavā ngarana leishi shapa. Koreanwui tui akhali hithada lei, "Avavāna kasangkha kazapam haikha naongrabing yamser haowa." Avavā bingna raruda sakashi kazat ungkaza kahai tharan athumli nganaoki kajiji phaningda naongarabing ning chotngaroka. Naongara bingna nganuida leilakha 'Iva shim mapan mara, ava eina avāli thada ngasopamra' dala hangphunga. Mirin peida athumli thada ngasopam haora da phaningsalapai. Kha rarmaman athumwui ningkachang chi suita haowa. Aruihon atamli mibingwui wuklung hi mapha kachangkhat thura, kala makapha mataisangda avavā eina naongara sathat khangarok atam rahaira.

Gahara eina Pareiva Ngachaili khalei Leikashi

Pareigahar wui leikashiva katha? Datingwui atam liva 'Na mazangla I maokthuirar mara, Nali leishi chingra' kaji hikatha kashim tuimang hangpama. Kha shakza kahaiwui thiliya khi shok-hao? Mamaya ngarok mada "Nawui vang eina iwui I ningkhan maokthuipai thura. Na ili kapik haira kaji hikatha tuila hangarok haowa."

Ridava leikashiwui tuimang matuilaga shakza kahaiwui thiliya family background, education, or personality hikathatha hina maram sada pangkhavaila sangaroka. Zat han mathada mahang thukha gahara china apreivali complain sapamma. Pheisa maleithukha 'Miva promotion kada director kala executivela sangarokta lei nava kathahao, laga iwui ngasotnao akhava car kathar akhala lohaira, ishiva katha haosi, katharan ishila ot kathar losangra khala' dala apreivana agaharalila zeipama.

Korea ngaleiwui statisticsli tangkhai kanakha parei gaharwui khon kazar lei. Pareigahar kachungkhana leikashi suitada ngayāt ngarok pama. Aruihon atam liva honeymoon atam lila pangarokta lei. Kala kathak eina ngala kapang kajihi leida lei.

Ridava leishingaroklak laga kha naodava makapha chi theingarokta mamayangarok thumana. Kaphaning kala ningkachang ngatei khangarokna maram sada machāthei thumana. Chieina athumwui leishi ngarok kasa chi suita haowa.

Hilaka kaji maram matheilala ngasopamching kaji eina leikashi chi shiman haowa. Chiwui eina shanao kala mayarnao katei yangphoka. Agahara china pareivawui rarsang mana kaji theida maningchang thumana. Atamwui athishurda leikashila thuihaowa. Kha kachangkhatva hi mathaki kajina. Chikathawui leikashi hiya kanna khavai kapha phasawui leikashina china.

Chinaongarawui Ngachaili khalei Leikashi

Mi kateili langmeida phara khangarum chinao bingna mashitmei khara. Athuma leishi ngarok haida maram kachungkhali chihan ngarok shapa. Kha kachi katha naongara binga competition sangarokta yuishi khangarokla lei.

Kharara bingna athumwui avavāhi agato kala apā ngara bingli leishimei haira da kaphaningla lei. Nao kakhane bingnala amei kala achon ngarali athumna ngazanmei kaji ningphun lei. Alungthungwui naongara bingna amei kala achon ngarali yangda athum ngazanmei da khui kala agato eina azarva ngara bingli yangsang phalungra kajiwui kachotla leingaroka. Kala avavā bingna athum liva yangkhei chinga kajiwui ningla lei. Hikathahi mathada mayangsangthu akha naongara bingwui relationship mamatha mana.

Thotchanli mi sathat khare hila shimkhurwui chinao ngarali kashona. Varewui sokhami maramli Cainna agato Abelli yuishi haowa. Chiwui eina shimkhurwui chinao ngara macha khangarok hi shok haowa. Josephli chinao ngara bingna yuishida Egypt ngaleili rao akha sada yorsang haowa. Davidwui nao Absalomna achina Amnonli sathata. Hithada aruihon atamli chinaongara bingna avavāna haikhami shakei maramli nganang ngarokta lei. Hithada athum yangkashe thada okathui ngaroka.

Kharara bingna shim panda shimkhur leikahai einava agato kala apā ngarali yangsangmi kida saklak haowa. Chinaongara tharukli ina paisho pana. Ili amei kala achonngara bingna leishilaka, kha ina zingkum shini kazapam kahai einava athumwui ning ngacheithuiser haowa. Iwui vang athumwui otphun haklak haowa. Kazat raikhavai yang eina hotnai, kha kazamaman kahai chi kathei eina athumwui mai ngareithui haowa.

Khanongnaili Khalei Leikashi

Korea ngaleili "Neighbor Cousins" kajiwui kakhalat hi mathalaka. Hiwui kakhalatva khaongnai bingla shimkhurwui chinao thada nganai ngaroka kajina. Mibingna lui vakahai atam tharanli khongnai bingna thongthang mayon pammi. Kha aruihonva hiwui kakhalat hi malei thumana. Aruihonva khongnai bingna maram sada khamong lon ngaroka. Hithada saklak eina sangarokta khongnai khipa leikhala kajila mathei ngarok mana.

Mi kateili mashitsang kharar vang athumwui khongnai khipa

khala kajila mathei ngarok mana. Khalata mangli phaningda shimkhurwui chinao ngara mangna khamataiya sai. Akha eina akha mashitsang ngarok mana. Khongnai bingna khikha kakai katek sakahai atam tharan ngalāngda ngama shapa. Hithada aruihon atamli khongnai bingna khikha makhaningli court vangarokta lei. Khon zarnaya chida floor kateili khalei khongnai akhali mi akhana shori eina tokathatla shokta lei.

Ngasotnaoli Khalei Leikashi

Thakha ngasotnaoli khalei leikashi chi kathakhala? Nawui ngasotnao chi nali michang zangshonra da phaninglapai. Kha mashitlak kahai ngasotnao bingnala minamda chara takhangasak lei.

Kachi katha atamli leiman runkhavai mi akhana awui ngasotnaoli pheisa khuisaga kachi tharan mamayathu akha ali mamaya thura da phaningda chikatha mili masamphang luilak khavai sai. Kha hilli khipawui khayonna chira khala?

Ngasotnaoli leishi kachangkhata chikha mahapki kajina. Nawui leiman chiwui vang ngasotnao akhana nganingmi khavai kaji hi ashiwui shimkhurla zangkahaina. Nathumwui ngasotnao akhali chiyakha kharit otphun mirala? Hi leikashi maning mala? Aruihon atamli hikatha otshot hi shokapta lei. Varewui tuili mi akhana leiman wui vang nganingkhami kaji hi mamaya mana. Ithumna hikatha tui hi mamayon thukha Satanwui ot ngasada kashiman shokra.

Inao mayara, nakhongnāwui vang nana nganingmi haiakha, khami wui vang ngashitsang kahai leikha; Nakhamorwui tuili yonkhui haiakha, matuita kahai chili tukkhui haiakha (Chansam 6:1-2).

Kashukwui vang nganingmida phakaham athumli mazangalu (Chansam 22:26).

Khikha akha samphang khavai ngasotnao kasa hi thangkhameina da kaikhana phaninga. Kha aruihon atamli ngasotnaowui vang atam ranu, ngalang ranu kala pheisa ranu chikatmi kasa kaji hi tanglak eina shoka.

Nganuilakha iwui ngasotnao akha leisai. Ina Vareli mashitsang ranglakha ngasotnao binghi iwui mirin thada khuiya. Chiwui vang eina katang mavaila ngaso chingra da phaningsai. Kha ina atam kasangkha kazapam kahaili mibing hi kanna khavaili phathui haowa kaji hi phaning khuiya.

Haokaphok liya ngasotnao bingna iwui kazat raikhavai doctor kala ari katha phamisai, kha maraithura kaji theida mai ngarei thuiser haowa. Naoda imang taihaowa. Marakhali ngasotnao bing chi leishi haida kaji maningla yaokathui sada ili rai. Hi phasawui leikashina. Leishiya chilala ngachei ngalang haora.

Avavā, chinaongara, ngasotnao kala khongnai bingna kanna

khavai mapha kala ning mangachei ngaroksi kaja kayakha pharado? Hithasi kaja athum manglawui leikashi khaleina chira. Kha hi maning thumada athumna khamashung ringkapha chi masamphangrar mana. Mibingna athumli leishi khavai phai. Hithada athum leikashi rakachang mi ngasai.

Mi kachivawui wuklungli khamasai akha leisara, kha hili Jesuwui manga eina chithei kahai kasa akhava Vare mangna chipem shap da Blaise Pascalna hanga. Hithada kachangkhatwui ringkapha makhalei khamasai chi Varewui leikashi mangna chipemmi. Thakha okathui hili khangachei makhalei manglawui leikashi maleithura kachila? Maning mana. Leiching machi mana kaji mana, manglawui leikashiva lei. 1 Corinthians chapterli kachangkhat wui leikashi maramli kapi hai.

Leikashina ningzing haringthei, kala lumashanthei; leikashina mikpai kashi kala khalatkaso mavaimana, khayaning manganing mana kala achei arei makathei otsak masamana; kateili malung mavatngasak mana kala malungla mavatmana; khalang otli mamathan mana, kha khamashungli mathanna. Leikashina ot saikora phungmi; saikora shitsanga, saikora chihanna; saikora jami (1 Corinthians 13:4-7).

Hikatha hi manglawui eina khamashungawui leikashina da Varena hanga. Ithumna Varewui leikashi theikha manglawui leikashila theira. Hithada ithumwui vang kanna khavai maleilala manglawui leikashi manga eina ning mangacheila akha eina akha leishi ngaroksa.

Manglawui Leikashi Check Sakhavai Apongbing

Vareli leishiya chilaga maleishi kasa mi kachungkha lei. Hithada manglawui leikashi leiga malei khala kaji check sakida kasui kala kachot kachang khara atamli ithumwui ningli lei. Ithum khalata yangsa chikha Vareli kayakha masot mishap khala kala Awui kaphaning kayakha shurshap khala kajili lei.

Thang thangwui otshotli complain kasa kala mili kachihan kaji hi manglawui leikashi khalei maning mana. Hiya Vareli kuingatok eina shitkasangna kaji shakhi khamina, wuklung eina shitkasang maningmana. Kuingatokwui leikashi hiya pheisa makhaning lairik akainao kathana. Chili aman mazang mana. Ithumna otshot kachivali Proholi leikashi hi mangachei akha manglawui leikashi samphang haira chipai.

"Chieina shitkasang, kachihan, kala leikashi; kathumhi leichinga: kala chiwui ngachaili leikashina mataimeikapa."

1 Corinthians 13:13

Part 2
Leikashi Chapterli Samkaphang Leikashi

Chapter 1 : Varena Ningkachang leikashi Yur

Chapter 2 : Leikashiwui Ngakheikhang kahai

Chapter 3 : Mapung kapha Leikashi

Varena Ningkachang leikashi Yur

"Ina mikumowui kala kazingraowui tuiyur eina matuilala, leikashi malei akha kāntā kashao kala kortār kakating kathana. Ina phongkhamiwui pangshap leilala, mathei kharar khangathuma matakhak kahai kala awor saikora theishingkhui shaplala, kala shitkasang tongting haida kaphung khangthui shaplala, leikashi malei akha I khikha maningmana. Iwui khalalei kachama bingli miserhailala kala iphasa eina tangda chichotshaplala, leikashi maleikha I khikha matongkhui mana."

1 Corinthians 13:1-3

South Africa wui orphanageli shokahai otshot akha lei. Naoshinaobing kaza ngarokta kachungkha haowa. Khiwui eina kazahao khala kaji maphashokrar thumana. Doctor kachungkhala rai. Research salaga, "Naoshinao bingli ngathor kathui tharan leikashi eina minute thara shikha ngavammilu" da doctor bingna hanga.

Chithada kasa eina kazat raingarok haowa. Hi naoshinao bingna darkar kasa leikashi vat-haida kajina. Sina lupa kala shakei maleilala wuk-khanang khavai maleimana, kha leikashi maleikha mirinli kachihan maleimana. Hithada leikashi hina ithumwui mirinli khamataiya maram akhana da hangpai.

Manglawui Leikashili Khamataiya

Leikashi chapter da kathei 1 Corinthians chapter 13li manglawui leikashi maramli meisa eina kapi haida lei. Hiwui athishurda ithumna kazingrao thada tui matuitheilala leikashi maleikha kortar kakating kathana da hanga.

Hili tui 'tui matui kathei' kajihi Mangla Katharawui lemmet samphangda tuiyur khamatui chili kahang maning mana. Hi English, Japanese, French, kala Russian, matuikashap hikatha hili kahangna. Hithada reikasang kala theithang khamei hi tui eina rai, chiwui vang eina ithumna tuiwui pangshap hiya hakmaha laka da kahangna. Tui eina matuida ithumna mibingwui wuklung sazamishapa. Kala male hina ot kachungkha sashapa.

'Kazingrao thada matuitheilala' kaji tuiyar hi kashim tui khamatuili kahangna. Kazingrao binga mangla kapaiya ngasa haoda khamatha kala kashimli chansamma. Mibingna tui manaplak eina khamatui tharan kazingraowui tui thai da hangaroka. Kha chithada matuilala leikashi kaho hi maleikha kortar kakating kathana kaji hi Varena hangda lei (1 Corinthians 13:1).

Kachangkhat eina hangsa chikha marili (solid piece of steel) shaolala akhona panglak kahai maning mana, hiwui kakhalatva khikha akhawui alungli akhur khawutli chansamma. Kortar hi mari eina sakhui haida akhon shokka. Hi mili ngaraichai. Ithumwui wuklungli leikashi leida Varewui nao ngasa akha kapanga athāli chansamma. Apong kateili leikashi maleikha atha makazanga mahikli chansamma. Hi khiwui vang khala?

1 John 4:7-8li hanga, "Leikashebing ithum akha eina akha leishi ngaroksa kaja leikashi hi Varewui eina kharana. Maleishi katha a chiya Vareli matheimana; kaja Vare hi leikashena." Hanglaksa chikha leikashi makhalei binga Varewui vang khikha masavai mana, athumma atha makazanga mahik kathana.

Hithada hikatha mina tui matuitheilak lala aman malei mana. Hiya kortarwui akhon thada mibingli ringshi khavai kasana. Tui kaji hili mirinwui pangshap lei. Hi Jesuwui mirinli ithumna kathei samphangra.

Kachangkhat Leikashi hina Mirin Mi

Thangkha Jesuna Temple akhali tamchithei mahungda leilaga ain kathemma kala Pharisee bingna shanao akha tukrai. Ali phopha mahungda leilaga tukkakhuina. Shanao chili tukhara ain kathemma kala Pharisee bingwui ningli lukhamashan kateo khala malei mana.

Athumna Jesuli hanga, "Oja, shanao hi phopha mahunglakha tukakhuina. Hikatha shanao bingli lunggui eina horthat phalungrada ithumwui ainli Mosesna kasohaida lei. Nana khi phaningkhala?" (John 8:4-5)

Israelwui Ain chiya Varewui Ain kala Tuina. Chiwui athishurda phokapha mibingli lunggui eina horthat phalungra kaji kapi hai. Ain chiwui athishurda shanao chili ngalung eina horthat haolu da Jesu hangkha, Awui tui makhamayon mina da phen khavai lei, kaja Ana yangkashe mili leishilu da tamchithei hai. Ali pheomi haolu da Jesuna hangkha Ahi Ain makhamayon mina da phenkida lei. Hiya Varewui tuili makhamayana.

Hili ain kathemma kala Pharisee binga Jesuli makhunta haorada langsolak eina phaning kasana. Athumwui ning chi theida Jesuna ngaleili pangmarang eina lairik kapiphoka. Chili ana athumli yanglaga hanga, "Morei masalak kaje mi china shanaopava hili lunggui eina thamrithui ranu" (John 8:7).

Jesuna kui mashunzangda lairik kapimaman lakha yangkaka tharan liva mi khipakha maleisa mana, shanaopa chimang nganingpam sai. Hithada Jesuna Ainla makaingasakla shanaopa hili kankhuimi.

Hanglaksa chikha Varewui Ain athishurda ain kathemma kala Pharisee bingna hangda khalei hi mashunga. Kha athumwui ningva mamashung mana. Jesuva miwui mangla kanmi khavai kasana kha athumma mili sthat khavai kasana.

Ithumla Jesuwui wuklung katha hi leisi kaja mibingwui vang seiha samingaira kala khamashung otmang sangaira. Ithumwui tuimatui kachivali mirin leira. Varewui tui eina mi kaikhana mibingli suizata kala athumna maning kachang ot mashungshok khavaila sazata. Hikatha otsak hi mashungsa lala leikashi mazang thuakha mirin malei mana.

Chiwui vang eina ithum hi leikashi eina ot sada leiga maningkha khalatawui mashunli nganingkhui khavai sada leikhala kaji yangshon phalungra. Shimlak kahai tuimatuili langmei kharda manglawui leikashi hina manglali thochir ngasaka kala sheishada khalei manglali ringpha ngasaka.

Leikashi eina Chikat Khami Otsak

Khangacha eina 'maran tui' kaji hi naoda shokki kaji theikashapli kahangna. Biblewui athishurda hangsa chikha maran tui kaji hi Mangla Katharawui kasakhami manga eina naoda shokki kaji Varena hangkhami tuili hanga. Marantui khamatui kaji hi mikumowui ning eina mavaipai mana. 2 Peter 1:21li hanga, "...kaja khamaran hi miwui ning eina haokaphok maning mana, kha Mangla Katharana kasatmilaga Varewui eina khara tui chi mikumona khamatuina." Maran tui khamatuiwui lemmet hi mi kachivali miphapha machimana. Tharmathengmi kahai maningkha hikathawui lemmet hi masamphangrar mana.

Manglawui leikashi chapterli hangda khalei maran tui khamatui wui lemmet hi mi kateokha mangli khami maning mana. Jesu Christali shitsangda khuikasanga mi kachivana naoda shokki kajiwui maramli theira kajina. Prohona latkhara tharan shitkasanga bingli rimeithuida hokhuilaga Seven-year Wedding Banquetli thanva haora kala mashit kasanga bingna White Throne Judgmentwui thili Seven-year Great Tribulation meifali thanva haora. Atam hitharan maran tui khamatuiwui lemmet samkaphang mi kachivana leikashi eina ot masa mana kaji theira. Hithada athumma khalatawui kanna khavai mangli phada ot kasana. Lemmet samphang haoda leikashi eina ot saphalungra kaji maleimana.

Hili 'mathei kharar khangathuma' da hangda khalei hi apuka apaka haokaphokwui eina ngathumra kahai krush wui tuili kahangna (1 Corinthians 1:18). Krushwui tui hi mikumoli ngtangkhui khavai huikhamiwui maramna. Mikumo hi morei sada kathiwui shongfali zata lei kaji Varena thei. Chiwui vang eina Huikhame sakhavai ana Jesuli ngaran kahaina. Hi mashokrang lakha Varena thumtit eina haisai. Khiwui vang ngathumhao khala? Mangathum haisasi kaja Satanna Jesuli masathatlak samara (1 Corinthians 2:6-8). Satanna Jesuli sathat haikha Adamwui eina samkaphang pangshap chi awui pangli leichingra da phaningsai. Chiwui vang eina ana mikumowui wuklungli zangda Jesuli sathat ngasak haowa. Hithada hikatha ngathum kahai kathuka maram theishaplala leikashi maleikha aremmana.

Hiya ningli katheina kupkahaina. Hili 'awor saikora' da hangda khalei hi academicwui maramna. Hikathawui awor hi Varewui awor kala Biblewui lairik 66li kahangna. Ithumna Bible pada Vareli samphang khaleoda rimeithuida ithumwui wuklungli khuisanga. Hi mathakha ningli tanghaoki kajina. Ithumna awor kaji hi mibingli bichar savaida makapha shonglila shichinvai. Hithada leikashi makazanga awor hila aremmana.

Kaphung khangkhui kashapa shitkasang leilala china khi kannavai khala? Shitsangshun haowa chida ringphara kaji malei mana. Kathada shitkasang eina leikashi machangarok thuma khala? Shitkasang kaho hiya Varewui matakhak kahai ot kathei manga eina rai. Jesuwui matakhak kahai kachungkha theida Peterna chili shitkasang manga eina hunnakha manglala tara atungli zatshappa. Kha hiwui atamli Mangla Kathara masamphangrang sathukada Peterli manglawui leikashi maleisa mana. Awui wuklungwui morei chila makhuithui rangsai. Hina maram sada ana Jesuli kathumshida chipatta.

Shitkasang kaji hiya experiencewui eina rai kha manglawui leikashi hiya kachikat ot kasa kala morei horkahai eina rai. Kha shitkasang eina manglawui leikashi khani hi khangasik malei mana kajiva maning mana. Shitkasang khalei eina ithumna morei masa khavai kala Vareli leishi khavai hotnai. Kha otsak mazangkha shitsanglak salala aremmana. Hiwui hithada hanghai, "Chieina chithanghon ina athumli, 'Nathumli I matheilak mana, iwui eina thuilu, he makapha kasabing' da hangra" (Matthew 7:23).

Kazingramwui Saman Khami Leikashi

Zingkum akuplamli khangacha eina organization kachungkhana kacham mibingli ngachonmi khavai news paper kathali phonglaga pheisa donate sai. Pheisava ngachon hailaga donation wui listli mibingwui aming mazangsakha katharakhala? Mamilui khangai shokra.

Jesuna Matthew 6:1-2li hanga, "Nathumna sakhangayi kapha

ot kasa chi mibingna mathei khavai ning ngasharlu, kaja nathumna chithei khavai saakha kazingli khalei Navawui eina saman masamphang mara. Chiwui vang eina nana kachikatha khavata mi akhali khangachon khami chitharan phakakhaninga bingna synagogueli kala chanreili mibingna sovairanu da kasa thada yaruili masa chitheizat alu." Ithumna khaya samphang khavai mili ngachon akha kazingramwui saman chi masamphang mara.

Hikatha khangachon hiya langsot sakhui khavaina. Leikashi mazangla khangachonwui ot kasa hiya mibingna soda leilaga eina tangda chuimamanra. Kala awui ningli Varenala somida lei da phaningra. Kha awui wuklungwui moreiva mahangphat thumada khangachon ot kasa chi awui vang makapha ngasathui haipai. Chiwui vang eina khangachonwui ot kasali leikashi zanghaikha mibingna solala masolala sangaishonna. Hi nathumna Varewui sokhami kala saman samphangra kaji theihaoda sakashapna (Matthew 6:3-4).

Prohowui miktali khangachonwui ot kasa kaji hi phahon kachon eina kasha kaza supply kasa kala shim sakhami himang maning mana. Hili langmei kharda mangla ngatangkhui khavai manglawui kasha kaza khamili kahangna. Aruihon atamli churchwui ot ngarut hiya kachamma bingli ngachonki kajina da mi kachungkhan hanga. Hi mashungkha kha rimeithuida saki kaji churchwui ot chiya kapha pao hakashok hina. Hithada khangachonwui ot kasa kaji hi mangla huikhui khavai saphalungra.

Chiwui vang eina Mangla Katharana thanda khangachonwui ot kasahi khamataiya. Kha makhamashung apong eina khangachon sahaikha mipa chi pailak eina Varewui eina tathui haipai. Kathiwui shongfa lila vazang haipai. Chancham sada Varewui eina talak eina pamda khalei zam khamanga kala gamblingwui mi chili khangachonwui ot misang haikha ot chi makapha apongli shichinthui haora. Vareli makathei mibingli mangachonsa kaji maning mana, kha Varewui leikashi chi theingasakta ngachonki kajina. Hithada khangachon ot kasawui khamataiya hi paokapha hashok khavaina kaji hi ithumna mamalai paimana.

Shitsang thathar athumbing liva shitkasang mataisang khavai samiki kajina. Shitkasang mibingla sakashi kazat kakaza mi leipapama. Awo kala ayi mang kapam lei, or ava avā maleimada naongra bingna shimkhur yangkasangla lei. Hikatha mibingli khangachon darkar salaka. Athum bingli khangachon atam tharan Varena ithumli somida khamahai mirin samphang ngasaka.

Otsak chapter 10li Varewui sokhami samkaphanga

Corneliuswui maramli kapi hai. Ahi Vareli khangavapa mi sathada Jehudi bingli tarakha shida ngachonmi. Ahi Israelli mungda khalei shipai akhava akhana. Awui ot athishurda khangachonwui ot kasa hi saklaka. Jehudi naobingna ali ningmaongpai kala awui colleague bingnala ali kachipatla leipai. Kha ana Vareli khangacheeya mi akha sahaoda khangachonwui ot kasa mangasamlak mana. Chili Varena awui otsak theida Peterli awui shimli chihovai, kala atam chitharan ali ngasokapama saikora Mangla Kathara samphangda huikhami samphangser haowa.

Khangachonwui ot kasali manglawui leikashi kala wuklung kachikat eina ngasoda saki kajina. Mark 12li ning tongtingda Vareli chikat kashap kala Jesuna sokhangai rameinao akhawui maramli ithumna kapa samphanga. Awui mirinli coin khani mang khaleina. Khiwui vang eina Jesuna ali mayangaihao khala? Matthew 6:21li hanga, "...kaja nathumwui lan khaleipamli nathumwui ningla leira." Hithada rameiva hina awui khalalei katonga mikashap hi Vareli leikashi wui vangna. Mamingaila khami hi Varena ningyang maungmana. Kala khamipawui vangla makanna mana.

Ara khalata kachikatwui maramli yangsa. Iwui phasa meili horkasang kaji hi kachikat wui kakhalatna. Khangacha eina kachikatwui ot hi leikashi eina sai, kha leikashi makazanga kachikatla lei. Chibing chi khimamei khala?

Varewui ot sahailaga complain sakapam kaji hi leikashi makazangwui kachikat chanchamna. Pheisa kala atam miser hailaga sokachikatwui mahutli complain sapam haowa. Ngasotnao bingli yangda bichar sangai. Athumma ngachang kashi mina dala khui. Kha kachangkhat maningla phenkapam ngasasai. Hikathawui ningai hiya mina kaso ningchanga, kha chi masamkaphang eina mili bichar sapam haowa. Hikatha ningai leida kachikatwui ot kasa tharan mili pangapa ngasaka.

Tui eina complain masa salapai. Kha khipakhana kapha ot chi mathei khami tharan Proholi kachihan chi suita haowa. Kachi kathana nathumna sakahai ot chili khayon samkaphang tharan athum lila mamaya khangai leiphoka. Nathumwui ngasotnao bingna ot kasa chi athei matheimeida athumli mibingna masot kachikat chi theida yuishi haowa. Hithada kayakha shitsang salala wuklungwui khamathan chi masamphangrar thumana. Chiwui eina sarānla masa khangai atam rahaowa.

Mibingna matheimi thura chikha ngachāngla shida mathada ot masangai mana. Mibingna theikapai ot mang sangai. Hi mibingna masot mikhavai apong kaphawui ningnaina.

Mi akhana shitkasang leikha leikashi maleila kathada kachikatwui ot sapaira khala? Hi manglawui leikashi makhalei bingli shokpai. Manglawui leikashi khalei binga ot hi iwuina kaji malei mana, Varewuina maningkha Vareli khalei chi athumwuina da khuishapa.

Lui khavanao akhana awui luipamli ot kasa kala ngalang pheikapam khani hiwui chancham yangsa. Awui luipamli ot sakapam hiya zimik matunrang eina tangda ot sai. Ana sakhangayi thongthang katonga sasera. Kha miwui luili ngalang vakaphei mipa hiya katharan zimik tunhaoni khala da ngarai kapamna. Varewui wungram lila hithada shokpai. Vareli shitsang chao machikha awui ot kasa chi ngalang kaphei mi katha ngasai. Athumwui kachihan ngalangman chi mamikha complain sakapamna.

Chiwui vang eina Colossians 3:23-24li kapi hai, "Mibingli otram khangatha maningla Proholi otram khangathana da phaninglaga kasasachi ningtonglak eina salu. Prohona awui mibingwui vang ngaran kahai saman chi nathumli mira kaji hi phaning ungchinglu. Kaja nathumna otram ngathada khalei Christa chi Akhava chilaka." Leikashi mazangla mili khangachon kala kachikat ot kasa kaji hi aremmana, Varewui eina saman masamphangrar mana (Matthew 6:2).

Khamashung eina kachikat ot sara chikha manglawui leikashi leiphalungra. Hithada mibingna matheimi lala Prohowui miktali ot kasava mangasam mara. Candle akhana tangkhamang horkhangak thada ithumwui khalalei saikora kahorli zang haora. Old Testament atamli pangmon bingna sa taithata Vareli kachikat ot kasa tharan sawui ashee chi hangphutli chailaga athao chi meili thotaya. Ithumwui Proho Jesu nala morei pheomi khavai kachikat ot sami, mibingli ngatangkhuimi khavai awui ashee longtami. Hithada ana kachikatwui chancham chitheimi.

Awui kachikat ot kasa hina kathada mibingna huikhami samphanghao khala? Awui kachikat ot kasa chiya mapung kapha leikashi eina ngasoda kasana. Jesuva Varewui kaphaning athishurda kachikat ot kasana. Ana thiuki kaji atamli eina tangda mangla kateiwui vang seiha sami (Luke 23:34). Hikatha kachikat ot manga eina Varena khuimida kazingram Awui pamli pamngasaka.

Philippians 2:9-10li hanga, "Chiwui vang eina Varena ali chuimeikap kaji apamli khangkai kala saikorawui tunglu hakmeikap kaje aming chi phokmi. Chieina kazingram lila, okathui lila, apuk apaka lila, mangla kapai saikorana Jesuwui mingli khaya shida khuktilaga khorumra."

Kakharam kala yuikashiwui ningai mazangla kachikatwui ot sakha Jesuli khuikhami thada ithum lila khuimira. Prohona Matthew 5:8li ngashit hai: "Ning katharabing sokhami ngasa ranu, khikhala jila athumna Vareli theira." Hithada Vareli mai eina mai theishap khavai sokhami samphangra.

Leikashina Mashun Makanda Vai

Pastor Yang Won Sohnli 'Leikashiwui Atomic Bomb' hoi. Ana leikashi manga eina kachikatwui ot sachithei. Ana pharei kazat kakaza bingnli yangsangmi. Koreali Japanna mungda leilaga Japanwui ama bingli makhorum thumana kajiwui vang ali phatop lila sanghai. Hithada ana Vareli ngavaplak eina kazat tharan matakhak kahai paola kasha samphanga. October 1948 atamli rai rakatali awui nao khani kapthat haowa.

"Vare ringda lei chikha, kathada hithada shokngasak paira khala?" da complainla sapampai. Kha anao khanihi mashun eina thikahaina chiwui vang kazingram Proho ngalemli pamhaoki kajina da masot chikat shapa. Langmeida anao khanili kapthat kahai shipai bingli pheomida awui nao thada khuimi shap haowa. Hithada anao kachifa atamli ana Vareli masot kachikat chi theida mi kachungkha ning ngathaya. Ana hanga:

"Rimeithuida, ina maphalak salala mashun eina thimi kashap nao khani phara kashap wui vang Vareli ningshili.

Kakhaneli, inaoli sathat kahai bingli inao thada ishi shimkhurli ngarumsang khami wui vang Vareli ningshi.

Kakathumali, inao mayara kala inao ngalava kathumwui ngachaili phameikap kaji inao khararpa eina kakhane pali kachikat ot alungli khuithuimi kahai vang Vareli ningshi.

Khamateli, mashunwui vang kathi kaji hi saklaka, kha inao khani hina chithada thishap kahai vang Vareli ningshi.

Kaphangali, Proho Jesuli shitsangda kathi kaji hi sokhamina, kala ina paokapha hashokta leilaga thikahai hiwui vang Vareli ningshi.

Katharukali, anihi USli lairik vatam khavai hotna kasana, kha ara USli langkhamei kazingramli vahaira. I maringkapha masamana Vareli ningshi.

Kashineli, iwui naoli sathat kahai bingli inao sada khamiwui vang Vareli ningshi.

Kachishatli, mashunwui vang thimi haoda kazingramli saman kachungkha samphangra kajiwui vang Vareli ningshi.

Kachikoli, hikatha atamli Varewui leikashi phaningung ngasakta ringpha khangasak wui vang Vareli ningshi."

Koreawui rai panglak kahai atam lila Pastor Yang Won Sohnna

kakazanao bingli yangkasang mangasam mana. Ala naoda mashunwui vang thipapam haowa. Ana kakaza naobingli yangsangmi kala awui nao sakathata binglila awui nao sada nganaomi. Hithada mibingli leikashi leihaoda ana kachikatwui ot kachungkha sashapa.

Colossians 3:14li Varena hanga, "Hangkahai hili langda saikorali shipkhangasak leikashi chi ngarumsanglu." Ithumna kazingrao thada matuithei lala, marantui matuishap lala kala shitsang chao haoda kaphung eina tangda khangthui shaplala leikashi manga eina kasa maningkha aremmana. Varewui katang makhavai leikashi chi theishap khavai ara ithumna leikashiwui maramli kapi kahai chi yangsa.

Leikashiwui Ngakheikhang kahai

"Leikashina ningzing haringthei, kala lumashanthei; leikashina mikpai kashi kala khalatkaso mavaimana, khayaning manganing mana kala achei arei makathei otsak masamana; kateili malung mavatngasak mana kala malungla mavatmana; khalang otli mamathan mana, kha khamashungli mathanna. Leikashina ot saikora phungmi; saikora shitsanga, saikora chihanna; saikora jami."

1 Corinthians 13:4-7

Matthew 24li Jesuna Jerusalem ngashanda kachapwui maramli kapi hai. Ali krush tungli sathat kahaiwui thili Jehudi kala Jerusalemli shoki kaji chi phaningda makhamrar thumada chap haowa. Awui sakhangatha bingna matakhak haoda ngahana: "Nana raki kaji eina okathui ngachangki kaji machut khira khala?" (v. 3)

Chiwui vang Jesuna achuk kachungkha hangmi kala leikashi suita haora da hanga: "kala makapha makhaya mataisang haoda mi kachungkhawui leikashi suita ngasakra" (v. 12).

Aruihon atamli leikashi malei kachang thura kaji ithumna theida lei. Mi kachungkhana leikashi phai, kha khamashunga leikashi chi khikhala kaji athumna mathei mana. Thada ningkachang eina ithumna khamashunga leikashi chi maleirar mana. Varewui leikashi china ithumwui wuklungli haophok miki kajina. Chiwui eina leikashi chi khikhala kaji theira kala wuklungwui makapha morei chi hermaman haora.

Romans 5:5li hanga, "kala kachihan hina ithumli kaphaning makaingasak mana, kaja Varena ithumli thada khami Mangla Katharawui manga eina awui leikashi chi ithumwui wuklungli heisangmi haira." Hangkahai hithada Mangla Katharawui manga eina ithumna wuklungli leikashi khalei chi theishapa.

1 Corinthians 13:4-7li leikashiwui ngakhei khang kahai chi samphanga. Varewui nao ngara bingna kapi kahai chi tamkhuilaga zatki kajina.

1. Leikashina Khāngmi

Mi akhali khangkhami kaji hi maleithu akha mibingli makazuirar mara. Chancham sada supervisorna ot mira kha mipa china mathada masa thura. Chiwui eina ot chi kupsang khavai supervisor china mi kateili sangasak luishit haora. Hithada ot chi mathada kupsang khavai kakhane chance makhami vang khare mipa chi maring kapha leipai. Varena manglawui leikashi chili khangkathei sangmi hai, kaja leikashi chi matailaka. Leikashi leikha khangaraili machot mana.

Varewui leikashi theikhaleoda akha eina akha leikashi chiwui alungli okthui khavai kasa hi khangachana. Kachi katha atam liva leishi ngarok khavai kasali ning saza kapai samkaphang apongla leira. Chiwui eina ithumla athumli mathada matheishing khuila pamhaipai. Kha manglawui leikashi alungli makacha leilala ithum khangmi ngaroki kajina.

Church member akhana apreivawui vang seiha samilu da ili hanga. Ala zam khamang mina, hithada zam marip haikha shimkhurwui mibingli rekharek chinga da ana hanga. Kha awui apreivana khangmi jamida awui khayon chi fakhami chinga. Thalala phakasang maleilak mada naodava ahi zam addict vangasthui haowa. Chiwui eina apreiva hi depression kazat kaza haowa da ili hanga.

Ana zam maripta shimkhurli chotngasak chinga, kha ina seiha sakhami eina ahi apreivali leishilak haowa. Awui tui ngana maman, "Napreivali leishikha meikhari kala zam reikida kayakha sak-hao khala?" da ina ngahanna. A khikha mangahankathei thuwa. Ashi shimkhur wui vang I wuk khanangmi laka. Ina depression kazat chiwui eina kharai samphang khavai kala meikhari eina zam reishap khavai ina seiha sami. Varewui pangshap hi matakhaka! Seiha sami khaleoda zam mamanglui khavai sada chiwui eina mamanglak thuwa. Kala apreiva chila kazat raihaowa.

Kakhang Kaji hi Manglawui Leikashi Haokaphokna

Manglawui leikashi samphang khavai ithumna apong kachivali khangkhami leiki kajina. Kathak eina kup phalungra kachiwui kazat Leila nathumli? Atungli hangkahai khararchan hithada atam kasangkha ngarailaga agaharana zam addict vatathui kahai hi shada malung ringla? Hili mi kala circumstanceli mayangla khalatawui wuklung check kasa phai. Ithumwui wuklung mashungda leikha kakhangwui kachot malei mana. Makhang kharar kaji hi wuklungli makapha leifa haida kajina.

Kakhang kaji hi leikashi kachitheina. Varewui kahang khanganana chida mi saikorali leishi khavai kasali kasak kachungkha lei. Hikatha hili kakhang kaji hi leiphalungra.

Kakhang kaji hi Galatians 5:22-23li hangda khalei Mangla Katharawui athei chiko chiwui alungli samkaphang kakhang chili mangarai mana. Kathada ngateihao khala? Mangla Kathara chikowui athei alungli samkaphang kakhang china khamashung khangarong shokhavai sai kala manglawui leikashi kakhang hina leishi ngarok khavai sai. Chiwui vang eina manglawui leikashi alungli khalei kakhang hi Mangla Katharawui athei chiko alungli khaleina.

Aruihon atamli maram kateonaowui vang einala case sangarokta lei. Hithada mibingwui ngachaili case kachungkha leingaroka. Pareigahar kala nao ngara case sakhangarokla lei. Kala kakhang kaji hila mangkhamana da khuingarokta lei. Kha Jesuna

Mangla Katharawui Athei Chiko Alungli Samkaphang Kakhang	1. Makapha horser hailaga kapha sakakhui 2. Mibingli phap tamida kanna khavai samilaga chingri eina pamkhangarum 3. Seiha salaga huikhami kala Varena tuingashit sakahai samkaphang

khi hangkhala?

Matthew 5:39li kapi hai, "Kha ina nathumli kahangna, Nali khalang ot sakahai chili athut makhui alu, kha namaisor yashong kapheakha lakhavakla ngareimilu," kala Matthew 5:40 lila, "Kachi kathana nawui phahonwui vang nali kharotli khuivaakha nawui coatla minar haolu" da kapi hai.

Jesuna makapha chiwui vang makapha masaloda kahang mang maningla khangtheilu kajina. Makapha kasa bingli kapha samilu dala hanga. Ithumli shaomi hailaga kathada kapha samira khala da ithumna phaning lapai. Ithumna shitkasang kala leikashi leikha hi pailak eina sashapa. Moreiwui eina ngatangkhuimi khavai Naoho khami Vareli shitkasang kala leikashi manga eina saki kajina. Ithumna Varewui leikashi hi leikachangkhat akha ithumli makapha kasa bingli kapha samikida kasak maleimana. Anao mayara mikashapa Vare kala mirin chikatmi kashap Proholi leishishap akha mi kachivali ithum nala leishi shapra.

Katang Mangavala Khangkhami

Mibing hi athumwui malung khavat chi khang khanglaga naoda makhangrar thura kaji eina ngawokhaiya. Introvertwui mibinga maphongshokla wunglung ngathumpamda naoda stress leida kazat kazakhui. Hikatha kazat kakaza hi spring akha namkashān kathana. Napang khishok haikha spring chi ngalong taraira.

Varena ithumli ning mangacheila khangasak ngai. Varewui mingli khangmi haikha khangshapra. Ithumwui wuklungli makapha khikha mangathumrar mara, kha ningkakachaiwui ningai hi eina tangda lukhamashan onhaora. Hi manglawui khangkhami kakhalatna. Ithumwui wuklungli makapha maleila manglawui leikashi mang leihaikha yangkashe binglila leishi shapra. Ithumwui wuklungli yangshātwui ningai marazangrar mara.

Ithumwui wuklungli yangkakharing, yuikashi kala mashat khangaiwui ningai leihaikha kapha mili eina tangda mamaya khangai theira. Hi mikchenrawui machu athishurda ot katonga kathei kathana. Kha ithumwui wuklungli leikashina pemhaikha makapha bingli theida lumashanra. Athumli khangmathot ngaira. Makapha bingna ithumli mayangailala athumli lumashan thara.

Jesuva khangthei laka. Stephenla khangthei haida ali ngalung thamda khalei bingwui vang hithada seiha sami: "Proho! Morei hiwui kashong athumwui tungli matami alu" (Otsak 7:60). Thada paokapha hakashokwui vang ali thamkathatna. Jesuna morei kapung bingli leishi kida sakla? Maninglak mana! Awui wuklungli khamashung leihaida masakmana.

Thangkha Jesuna Peterli ngahana. "Proho, ichinana iwui tungli kayakha shida khayon sapaira khala? Kala ina kayakha shida pheomira khala? Shini shirala?" (Matthew 18:21). Chili Jesuna ngahankai, "Shini shilu kaji maningmana, kha hangshini shini shida kajina" (v. 22).

Hi ithumna seventy times seven, 490 shikha pheomira kaji maningmana. Mashing shini kaji hi manglawui mapung kapha numberna. Hithada seventy times seven shikha pheomilu kajiwui kakhalatva mapung phalak eina pheomilu kajina.

Manglawui Leikashi Leikhangasakwui Khangkhami

Ningkachailak eina leikasa thang ngayakhali leishi haosa kaji kapai ot maningmana. Ithum khangtheilak phalungra. Ephesians 4:26li hanga, "Malungvat ngaroklala morei masalu kala langpongda malung mavat alu."

Hili malung khavat kaji hi shitkasang khangazanna bingli kahangna. Shitkasang vat-haida malung vatlala zimik katun eina vanhaoki kajina kaji hi Varena athumli hanga. Mi akhana shikasang ngatarda leihaikha malung khavat razanglala khangmi jamida ngairon eina leishishap haowa.

Ithumwui wuklungli moreiwui ningai khalei hi seiha salaga Mangla Katharawui manga eina phurshok-hai phalungra. Ithumna maning kachang athumli kapha sakachithei hi khamataiyana. Hi kasa eina ithumwui makapha wuklung chi shiman haoda mibingli leishi shapra. Khipalikha mamaya khangai malei mara. Prohona, "Yanglu, Vare wungram chi nathumwui alungli lei" (Luke 17:21) da kahang thada ithumna ringkapha eina okthui shapra.

Hiwui ringkapha hi kazingramwui ringkapha kathana da mibinga hanga. Kazing wungram nawui alungli lei kaji hi wuklungwui makapha horhaida leikashi kala khamashungna khamung kajili kahangna. Hithahaikha khamathan kala lukhamashanna pemhaoda kakhang kahola maleilui mara. Makapha horhaida kapha sashap haikha kakhangwui sharuk hi teosang haora. Nathumna manglawui leikashi hi leikachangkhat haikha feeling suppress sakhavaila malei mana, mibingli leikashi eina honhaoki kajina.

Kazingramli kachot kachang kala chara katā maleimara. Kaja chili makapha maleimana. Leikashi eina kapha mang haida khipalikha malung vat khavaila maleimana. Chiwui vang eina apam chiliya emotion control sakhavaila maleimara. Vareva leikashi ngasa haida kakhang kaji hi maleimana. Bibleli 'leikashina khangmi' da kapi kahaiwui marama mikumo hiya mangla kala ning khavaiyana kaji wui vangna. Varena mikumoli phap tangasak ngaiya. Nathumna makapha chili yuimamanda kapha sashapkha kakhang kaho hi shiman haora.

Kakhangwui manga eina Yangkshebing Ngasotnao Ngasathui kahai

United Statewui kashine President Abraham Lincoln kala Edwin Stanton anihi lawyer sada leilaga chalak kahai ngasotnao masamana. Stantonva kashanga shimkhurwui eina khara ngasatha haoda lairik themlaka. Lincoln ashavāva pheihop kakhopa mi sada chamlaka, lairikla mathada matamana. Hithada Stantonna Lincolnli manashi chinga. Kha Lincolnna malung mavatlak mana kala yangkashi masakhui mana.

Lincolnna president sakahaiwui thili chuilak kahai Secretary of War otpam chi Stantonli sangmi haowa. Stantonna right personna kaji hi Lincolnna thei. Naoda Ford's Theaterli Lincolnli kapthat kahai eina mi saikora yamser haowa kha Stantonna ali heng sada ngasamvai. Lincolnwui pang singlaga chara tada hanga, "Okathuili hakmeithui kaji mi chi hina. Ana thotchanli hakmeithui kaji mi ngasai."

Manglawui leikashili samkaphang kakhang kaji hina yangkashe bingli ngasotnao sangasakta matakhak kahai shokngasaka. Matthew 5:45li hanga, "...chithaakha nathumwui kazingramli khaleiya navawui naongra ngasapaira; kaja ana kapha lila kala makapha lila zimik shokmi kala khamashunga lila, makhamashunga lila kazing rotami."

Makapha kasa bingla thangkha mathangkha khangachei leira kaji theida Varena khangmi kala jami. Makapha kasa bingli makapha sakha ithumla makapha mina kajina, kha ithumna saman khame Vareli yangkalaga leishida khangmishap akha kazingramli hakhamaha sokhami samphangra (Laa 37:8-9).

2. Leikashina Lumashanmi

Aesop's Fableli zimik eina masiwui khararchan lei. Zimik eina masina mi akhawui overcoat chi ngavatā khami nagahanda pheisa thangaroka. Masi china overcoat chi phanthui hai khavai panglak eina phanna kha mipa china ngavamtit haowa. Ara zimikna manarim eina kasa kaprormi. Chiwui eina mipa china overcoat chi khuishok haowa.

Kharachan hina ithumli lesson mida lei. Masi china overcoat chi phantahai khavai chida panglak eina phanna kha zimikna aning sasak eina khuishok ngasak haowa. Lumashan katha hi hikathana. Lukhamashan hina pangshap eina maningla leikashi eina miwui wuklung sazashapa.

Lukhamashan Hina Mi Kachivali Khuimi shapa

Lumashan katha mina mi kachivali khuimishapa, kala mi kachungkha athumli ngasamkhui. Dictionary akhali hiwui definition hi 'the quality or state of being kind' da kapi hai, kala lukhamashan kaji hi kakhangwui eina mangatei mana. Nathumna vat (cotton) akaikha theikha lukhamashanwui kakhalat theira. Vatli khi khikhana ngaphitlala akhon mashok mana.

Laga lumashan kathei mibinga mi kachungkhana ngayin kakhui thingrong kathana. Nathumna thingrongwui khayali ngayin kakhui tharan chiwui khamakui chi samphang shapa. Hithada lumashan katha mibinga thingrong kathana.

Mili malung makhavat athumbing hi lumashan katha bingna. Kha Varena makhamaya acham khalei binga lumashan katha mi sangailala masarar mana. Thada khangacha eina mili mayaphapha kaji mi lei. Malung vatlala makachithei mila leipapama. Kha hikatha mi hi lumashan matha mina machipai mana. Wuklungli makapha makhalei bingna or leikashi khalei bingna makapha mibingli lumashanmi.

Varena Manglawui Lukhamashan Ningchanga

Manglawui lukhamashan hi manglawui leikashi eina kharana. Lukhamashan manga eina nathumna khipakhali mamayakhangai chi maleimara. Lukhamashan kaji hila thangkhameina. Kha mi kachivali thada pheomishap haowa chihaoda chili lumashan kathana da machipai man. Ithumna mashun eina mibingli thanmi kashapwui pangshap chi leiki kajina. Hithada mangla eina lumashan katha a chiya thangkhamei kala khangaronga mina. Hikatha mi hiya tamkhui shakhui khavai mirin rinchithei shapa. Lumashan katha kaji hi alungli takuikui kahai kala ayarli mingairareo kahai hili hanga.

Alungli kathar himangna mibingli mayuirar mana. Chiwui vang eina ithum ayārwui magunbing chila chithei phalungra. Mingairareo kahai wuklung hina mi kachungkhali yuikhui shapa.

Lukhamashan manga mang eina mili leishi shapa kala mingairareo kahai ningai hina mili khamashung eina thanmishapa. Chiwui eina mangla lila huikhami shongfa chitheishapa. Mingairareo kahai mazangla lukhamashan mang eina kahor machitheirar mana. Chiwui vang eina ara lukhamashan kaji hi kathada samphangra khala ithumna yangsa.

Lumashan katha hi Tharkhamatheng eina Rai

Rimeithuida lumashan katha mi ngasasa chikha wuklungwui makapha horhaida tharkhamathenga mi ngasa phalungra. Lumashan katha mi hiya vat (cotton) kathana, mina rekhareklala akhon mashok mana. Lumashan katha mi hiya wuklungli makapha kaho hi malei mada khipalikha mamaya khangai maleimana. Kha ithumwui wuklungli yuikashi, mayang khangai kala khalattawui ningai hikathatha hi leikha mili mangasorar mara.

Ngalungna mariwui tungli takharor tharan akhon shoka. Hithada ithumli phasawui apong hi leichingda leikha maram kateo eina tangda phashok chingra. Mibingwui makapha kathei tharan fakhami khami kala phap takhami machila bichar sada mashāthui haora.

Wuklung kaji hi kateokha manga kha makapha kachungkha kazipai. Chancham sada mina ithumwui khangazan kathei tharan mamayangai mana. Or mina khikha matui kapam kathei tharan ithumwui vang ngazek kapamna da khui. Hithada mibingna ithumli yangkhara eina tangda bichar sapamma.

Wuklungli makapha makhalei hina lumashan katha shoka. Wuklungli makapha makhalei tharan mibingli leikashi eina masot mishapa. Lumashan katha mina atam kachivali lukhamashan mikyan eina yanga. Mili bichar sakhangai malei mana, leikashi manga eina mili ning lumkhangasak mang phara.

Mibingli tamkachi kala kathan binga tharmatheng phalungra. Kaja athumli makapha leihaikha phasawui ningaili tanghaipai. Yao ashangvawui maram makathei eina manglawui kasha kaza mawuirar mara. Chiwui vang eina ithumli tharmathengmi kahaiwui thili Mangla Katharawui manga eina yao bingwui maram mashungda theishapra. Hithada tharmatheng hailaga lumashan katha mibingli Varena theimi. Lumashan katha kaji hi mibingna apong ngatateida theingaroka. Kha mikumo eina Varewui mikyan ngatei.

Varena Mosesli Khalei Lumashan katha chi Theimi

Bibleli Varena lumashan katha wui vang Mosesli theimi. Mishan Chapter 12 kapa tharan Varena theikhami kaji hi kayakha khamataiya khala kaji ithumna thei. Mosesna Cushite ngalāli khangakumwui vang eina Aaron kala azarva Miriamna mamaya mana.

Mishan 12:2li hanga, "...anina hanga,'Prohona Moses mangli ngazekla? Ini lila mangazek mala? Prohona chi shahaowa."
Anina hi kahang eina Varena khi hangkhala? "Ali ina morsungda tharlak eina khangazekna, makasha tui eina khangazek maning mana; ava Prohowui zak katheina. Chithakha iwui rao Moseswui tungli khangachee maleila khisada tui hangkhala?" (Mishan 12:8)

Mosesli Aaron eina Miriamna bichar kasa hi Vareli malung vatngasak haowa. Chiwui eina Miriam pharrei kazat kaza haowa. Aaronna Moseswui khamor katha ngasasai kala Miriamna yarui kathana akha ngasasai. Hithada anilila Varena lumlaka da phaninglaga Moseswui makapha kathei tharan ngalangda bichar haowa.

Phasawui apongli bichar kasa sathui haoda Aaron eina

Miriamwui kaphaning chi Varena mamaya thumana. Moses kachi katha mi ngasasa khala? Ahi okathuili nimmeithui kaji mi akha sathada Varena theimi haowa. Kala chihan kapai mi akha sahaoda Vare lila khamor eina khamor chan ngazek kashapa mi ngasai.

Israelnao bingna Egyptwui eina shokta Canaan ngaleili vakazang shongza chi mathada yangkha Varena Mosesli kayakha mayangai haokhala kaji theira. Egyptwui eina kashok mibing chi laklui lakluida morei sai. Athumna maram kateo eina tangda Mosesli phenpamma, hi Varelila bichar kasana. Kha Varena lumashan mi khavai Mosesna popam chinga.

Moseswui lumashan katha ningai kachithei otshot akha lei. Mosesna Mt. Sinaili Ningkhami kakhui kahai atam tharan mibingna sina eina meoma akha semkhuida za manglaga chili khorumpamsai. Egyptwui mibingna simukwui meomali kharumda chili shakakhuina. Varena athumli atam kasangkha ngasorai kha athumli khangacheiwui achuk matheilak mana. Chiwui eina Vare malung kanglak haowa. Atam chitharan Mosesna athumwui hithada vang pomi: "Kha ara athumwui morei kha pheomilu; chi maningakha nawui lairikli kapi kahai iwui mingchi khuishokmi haolu" (Shongza 32:32).

'Nawui Lairikli kapi kahai' kaji hi kahui samphang kahai bingwui aming list sakahai chili kahangna. Lairik hiwui eina nawui aming chi khuishok haikha nathum kahui masamphang mara. Kahui masamphang mara kaji mang maningla nathum Meifali katang mavaila ringapamra kajina. Thikahaiwui thili khalei mirin chi Mosesna mathalak eina theivai. Hithada ana kahui masamphang lala kateina samphangpaira chikha chida awui ming chi khuishok haolu da Vareli poi. Hithada Moseswui ning chi takui kachangkhat laka.

Chang khayang manga eina Moseswui Lumashan katha Ningai

Hanglaksa chikha Moseswui lumashan katha ningai chi kapharawui eina samkaphang maning mana. Ahi Hebrew naona chilala Egyptnao akha sada rarsang haoda khavat malei mana. Ana lairik mathalak eina tamkhuida rai khangararwui maramla thei. Chiwui vang eina ala langsolaka. Thangkha Egyptwui mi akhana Hebrewnao akhali shaopam kasa theida awui mashun ningai eina mipa chili sathat haowa.

Hiwui eina ahi yamkazata mi akha ngasathui haowa. Mahailak eina ahi Midianwui pangmon akhawui khangachon manga eina yao kahoma mi akha ngasathui haowa, kha ahi khikha maleimana. Yao kahomma bingli Egytpnao bingna nemlak eina khuiya. Hithada ana zingkum hangmati nemlak eina okthui. Atam hitharan malung khanima mi akha ngasada Varewui leikashi maramli kachungkha tamkhui haowa.

Varena Mosesli Israelnaoli thanmi khavai kaho maning mana. Ana malung khanima mi akha ngasa haoda thada hokakhui mana. Chang khayang kachungkha khara manga eina ana awui wuklungwui makapha chi horhaishapta malung khanima mi akha ngasa haowa, kala hiwui manga eina ana Egytpwui eina Canaan ngaleili mi 600,000 langda thanzang kashapna.

Chiwui vang eina chang khayang khara atam tharan chibingli malung khanim eina yuikhuida lumashan katha mi khangasa kaji hi khamataiya. Malung nimda leilaga eina tangda lumashan kathawui ningai chi thei. Aaron eina Miriam thada ithumwui mirin hili mina theimi khavai sathui haikha langkaso mi ngasathui haora.

Mingairareo kahai hina Manglawui lumashan katha Shokngasaka

Lumashan katha shokhavai tharkhamtheng mang maningla mingairareo kahai ningai leiphalungra. Mingairareo kahai hina mili phap tami, kala mikumo akhawui saran sangasaka, langmeida hina phasawui pangshap eina maningla mibingwui khangazan khangmi. Hithada hina mibingli shitkasang leingasaka.

Mingairareo kahai hiya shanvai chonvai kathana. Ithumna

kayakha phalala naked sahaikha mibingna ningkachaira. Hithada ithumna kayakha lumashan theilala mingairareo kahai hi maleikha lukhamashan chi machitheipai mana. Chancham sada mi akha hi lumashan theilaka kha makhaning tuila matuiphaphai chihaosa. Hikatha mi hina makaphava masa mana kha mina shitkasangva vatlaka. Kachi kathana makapha ningai maleithuda mili ning saza khavai masamana chihaosa. Kha mili mangachon mikha mibingna mashitsangrar mana.

Awonli khuira kachungkha zanglala chiwui machu eina nganam maleikha khui kala konghar bing maramana. Chithada ithumna lumashantheilak haoda mina maili rakakaphe tharan mai lakhavak ngareikhamiwui pangshap leilala mingairareo kahai ningai maleithukha aremana. Lumashan kathawui aman hi mingairareo kahai hina chithei.

Joseph hi mingairareo hai. Ahi Israelwui avāva Jacobwui nao tharada khaniwui ngachaili kakhane paishona. Ana nganuida leilakha chinao ngara bingna yuishi haoda rao akha sada Egyptli yorsang kahaina. Kha Varewui ngachon khame manga eina ana zingkum 30 kakashung tharan Egyptwui Prime Minister ngasa haowa. Nilewui ngalei katongawui ngachaili hitam hi Egypt pangshap leilak sai. Chitamli Egypt hi okathuili reikasang khamate alungli kazangna. Ram chiwui kathana kala mibingna singhaoda ram kateiwui eina khara mi akhana prime minster rakasa hi pailak kahai maning mana. Khayon kateokha leikhaleoda resign saki kajina.

Chithalala Josephna thangmeilak eina ngalei chi munga. Ana malung nimlak haokida awui tuihan kala otsakli khayon masamphang mana. Khangacha eina ahi kathana akha sada ngam leilaka. Ana awungawui mathangli kapamna, kha mibingli singtāp machihai mana. Ahi malung nimlaka kala mingairareo hai. Hithada ali kayakha shitsang khala kaji hi awui chinao ngara bingna Canaan wui eina zat rakhaloli kathei samphanga.

Josephwui Lumashan katha Ningai chi Mingairareo kahai hina Theikhangasak

Mi akhana mingairareo kahai ningai leikha mili bichar masamara. Hi awui chinao ngara bingna Egyptli zat rakhalo atamli kathei samphanga.

Rilak eina awui chinao ngara bingna Joseph matheimana. Hi zingkum makawui thili samkaphang ngasa haida chithada shokpai. Langmeida Josephna Egyptwui prime minister ngasara kaji hi machukmajalak mana. Ara Josephna athumli theida khi phaningda leimarao khala? Athumna sakahai chiwui athishurda anala athumli samishapa. Kha Josephna athut makhui mana. Ridawui ningphanin thada masali khala kaji theikhavai ana athumli test kachungkha sai.

Rao akha sada mibingli yorsang kahai hi maram kateo maningthuda Joseph athum Vareli ning ngatei khavai chance kachungkha mi. Hithada athumli athut khuikhavai masala ning ngatei khavai samithaya. Chiwui eina athumna athumwui khayon chi theihaira kaji eina Josephna ahi khipa khala kaji chithei haowa.

Chiwui atam changli awui chinao ngarabing chi ngacheelak haowa. Athumwui mirin chi Josephwui pangli leiser kahaina. Kha Josephna khiwui chithada sahao khala kaji mangahanlak mana. Ana "Nathumna sakahai chi nathum hātra" kachi tui mahanglak mana. Kha athumli ringpha ngasakthaya: "Nathumna ili yorsang kahaiwui malung maring alu, akha eina akhala makharar ngarok alu, kaja Varena mangla kanmi khavai kachihona" (Haokaphok 45:5).

Saikora chi Varewui khangaranna kaji hi ana theihaowa. Hithada Josephna achina ngara bingli pheokhami mang maningla athumli phap tamida ringphangasaka. Hiwui kakhalatva yangkashe bingli ning saza kashapwui lumashan katha chi Josephli lei kajina. Hithada Josephwui lumashan katha ningai hi mingairareo kahai ningai hina pangshap ngasada Egypt ngaleili khalei mi kachungkhali huikhuida Varewui khangaran ungshung ngasaka. Mingairareo kahai ningpam hina lumashan kathawui sari kathana. Hikatha ningai hina mi kachungkhawui wuklung yuikhui shapa.

Mingairareo kahai Shokhavai Tharkhamatheng hi Leiphalungra

Lumashan katha ningai leikhavai tharkhamatheng hithada mingairareo kahai hi shokhavai wuklungwui makapha chi horhai phalungra. Kachi kathana ning hak-haida kala lairik tamkhui haida mingairareo kahaiwui ningai chitheishap lapai. Kha hanglaksa chikha mingairareo kahai ningpam hiya makapha makhalei wuklungwui eina raki kajina. Ithumna mingairareo kahai ningpam hi leiphalungsa chikha wuklungwui makapha horhai phalungra. Kala makapha katonga chihochao phalungra (1 Thessalonians 5:22).

Matthew 5:48li hanga, "Chiwui vang eina kazingli khaleiya nathumwui avāvana kakashung chithada nathumla kashung phalungra." Ithumwui wuklung tharhaikha tuimatuili, otsakli kala acham aramli khayon mazangmada mibingna ngayinkhuira. Hina maram sada wuklungli yuikashi, yangshat, kakharam, malung vat kazar kala ning khamarar hikathatha hi maleiki kajina. Hithada Varewui tui palaga kala seiha salaga Mangla Katharana thanmida makathar maram kateo eina tangda phashoki kajina.

Phasawui makapha chi khikhala? Romans 8:13li hanga, "Kaja nathumna phasawui athishurda ringakha nathum thira. Kha Manglawui manga eina phasawui otsak chi chithit-hai akha ringra."

Hili phasa kaji hi khangachawui phasali kahang maningmana. Manglawui athishurda khamashung khaleiwui phasali kahangna. Chiwui vang eina phasawui otsak kaji hi mikumowui morei chili kahangna. Kala chimang maningla mapung makapha otsak katha lila kahangna.

Thuikahai mirinli ina theikakhui akha leiya. Ina ot sakaza kachivali electricna shok kasa thada sachinga. Hithada ngachee haoda khikha masazangai mana. Chiwui eina khikha ot saza haoga chikha Proholi ningli seiha sachinga. Kha ina yangkazak zaklaga sakaza atam tharan liva khikha mathamana. Khamong kasho tharan taplak eina sai. Churchli mibingli handshake kasa lila ning ngasharlak eina sai. Hithada atam kasangkha okthui khara eina iwui acham aramla ngateithui haowa. Hikatha hina naoda iwui otsak katonga Varena mapung phakhangasakna kaji theihaowa.

Hi teolak kahai maram akhana da hangpai, kha hina acham aramwui vang khamataiya akha ngasai. Kachi katha mina khararchan kasali khamana tharan phasa saza ngaroka. Mi kaikhana mibingli mayangla akhon panglak eina shokta khamanala lei. Hi haklak kahai maram maning mana, kha makapha otsak akhana. Kha mingairareo mibinga ot kasa kachivali achamla mashungra, chiwui vang eina mi kachungkhana athumli ngasam khuira.

Acham Aram Khangachei

Lumashan katha mi akha sakida acham aram mashung phalungra. Acham aram kaji hi wuklungwui tuina. Mi kachivawui acham aram athishurda kaikhana ot kachungkha sai kala kaikhana teomei dala sai. Lumashan katha mi hiya ning haklaka, chiwui vang eina khalatawui vang maphaningla kateiwui vang phaningmi thaya.

Philippians 2:4li hanga, "Khalatawui vang mang maphaning alu, kha ningai shingaroklu." Hikathawui ningai hi apong kachivali ithumna kathada okthui khala kala ot sakhala kajili lei. Ithum khalatawui vang mang phaningda leikha hikatha ningai hi yuikhuishap khavai seiha saki kajina.

Egypt ngaleili rao akha sada mayorsangrang lakhava Joseph hi green houseli kharda khalei khamateka thingrong kala awon akha katha ngasasai. Shimwui thongthang mayangsangrar mana kala achina ngarawui ningla matheisa mana. kha chang khayang kachungkha yuikhuida yangsang kashapwui ningai leihaowa kala miwui ningla theivashap haowa.

Joseph prime minister akha sakhavai Varena ngaranping haira kasana. Ithumla awui acham aram katha chi leikha kahaka organizationla yangsang shapra. Hi kathana akhana leiphalungki kaji magun china.

Malung Khanimli Sokhami

Lumashan katha kala malung khanim athum bingli kachi katha sokhami mikhala? Matthew 5:5li hithada hanga, "Malung khanim athum sokhami ngasa ranu, khikhala jila Varena ngashitmi kahai chi athumna samphangra," kala Laa 37:11 lila hithada hanga, "Khanim bingna ram chi samphangra, kala nganantap okthuida ningyang ungasakra." Athum bingna ngashitmi kahai ngalei chi samphangra. Hili ngalei kaji hi kazingramli pankhavai apam chili kahangna, kala ngashitmi kahai ngalei kaji hina naoda kazingramwui hakhamaha ringkaphali theivai.

Athumna khiwui vang eina kazingramli pangshap samphangra khala? Malung khanim bingna mibingwui manglali ngasamkhui ngasaka. Malung khanim bingna mangla bingli huikhami shongfali thanvami shapa. Ithumna kahaka mi ngasada mibingna ngasamkhui ngasaksa chikha rimeithuida mibingli sheba saphalungra. Hithada sheba kasa bingli kazingramwui pangshap miya. Matthew 23:11li hanga, "Nathumwui alungli reimeikap kaje china nathum saikorawui rao saphalungra."

Malung khanim bingna naoda kazingramli pankhavai lam kachungkha samphangra. Okathui akhava kahaka mibingli eina tangda mi kachungkha shura. Kha athumwui pangshap kala lan chi shiman kahai atam tharan athumli shurkasa mibing chila thuiser haora. Malung khanim bingna samkaphang pangshap hi okathuiwui eina ngatei. Chiya khangachei kala shiman kahai malei mana. Okathui lila mahaira kala kazingram lila Varena lumlak eina haimira.

3. Leikashina Mikpai Mashimana

Lairik kathem katamnao bingna athumna test makazang bingwui notebing chi mathada kazip khuiya. Athumna makapi ranglakha question bingchi yangkazaklaga mathada pakazak hai. Hithada lairik kapa hi ngachonlaka da athumna hanga. Manglawui leikashi samphang khavaila hi ngaraicha eina sai. Ithumwui otsak kala tuimatui bingchi mathada yangkazakta makapha bing chi horhaikha manglawui leikashi chi samphang paira. Leikashina mikpai mashi mana – kaji manglawui leikashi maramli ithumna yangsa.

Yuikashi kala maringkapha hi leikahai atam tharan mikpai kasha shoka. Ithumwui ningli yuikashi leihaikha kakashung mibingli yangda mikpai kashi shokngasaka. Ithumli themkhamei, shangkhamei kala kashungkhamei mi samkaphang tharan, or ithumwui ngasotnao bingna mahaimeida mi kachungkha athumli sokahai atam tharan ithum mikpai shihaowa. Hithada athumna ot kasa kachivali yonngasak khavai sai.

Maram akhali "Athumli mi kateina chiyakha solaga iliya kathahao? Iya khikha maning mana!" da maringkapha leipai. Apong kateili ithum hi mi kateili compare kasa tharan maringpha mana. Hikatha maringkapha khalei hi mikpai kashi maning mana da kaikhana hangra. Kha leikashina khamashungli ringphai. Apong katei lila hangsa chikha ithumna khamashung leikashi leikha mibingwui kakashung chili ringphashapa. Ithum khalatali maringpharar akha, or khamashungli maringpharar akha ego leida khaleina, khalata hi malinglak eina lei. Hithada khalata kaji hi leihaoda ithumwui langsot hina mili ning saza ngasaka.

Yuikashiwui ningai leida makapha tuimatui eina kashok hi mikpai kashina kaji hi leikashiwui chapterli hangda khaleina. Mikpai shina haikha mili sathat shapa. Mikpai kashi hi wuklungwui makapha kachitheina, hina huikhami masamphangpai mana (Galatians 5:19-21). Kaja mikpai kashi hiya phasawui otna. Hithada mikpai kashi ayur kachungkha eina khaipai.

Leishātli Yuikashi

Mikpai kashi kaji hi mina ithumli leishi khangasak kala ningchang khangasakwui otsakna. Chacham sada Jacobwui apreiva khani, Leah eina Rachal yuishi ngarokta agaharana lummei khavai apong phatha thuiya. Leah eina Rachel ani hi phara khangarumna, Jacobwui avāgato Labanwui naongalavana.

Labanna kakapik ot akha kasawui vang Jacobna Leahli ngakum haowa. Jacobna zingkum 14 ot samilaga Rachelli ngakumra da leikasana. Haokaphokwui eina Jacobna Leahli langmeida Rachelli leikashina. Kha Leahna nao mayara mati phakhui haowa kala Rachelva nao malei thumana.

Chitamli nao makhalei kaji hiya mangayisa mada Rachelna Leahli yuishilak haowa. Yuikashi hina mik ngapeomi haida Jacobli hithada hanga, "Ili nao milu, chi maningkha I thihaora" (Haokaphok 30:1).

Leikashi kachipem sada Rachel eina Leah anina aniwui raobingla Jacobli ngasopi ngasaka. Hanglaksa chikha khamashungawui leikashi chi leikha thada ringphalak eina agaharali ngasopam shapki kajina. Yuikashi china Leah, Rachel kala Jacob ashi kathumli ringshi ngasak haowa. Langmeida china naongrabing lila vashung haowa.

Mi Kateina Mahaimei kahai tharan Yuikashi

Mi kachivawui yuikashi ningai ngateisera. Kha khangacha eina mi kateina shangmei kahai kala kashungmei kahai tharan yuikashi hi shoka. School lila, shim lila, kala ot kasa apam lila mina ithumli henkahai atam tharan yuikashi hi leihaowa. Hithada marakha liya yuikashi eina mibing lila makapha sangai.

Chancham sada ot promotion kami haora kaji eina yuishida makangasak khavai akhava bingli khimamei hangsang ngaroka. Katamnao bingla hi sangarokta lei. Katamnao kaikhali ojana sakmeida khuikahai tharan kala athumna lairik themmei kahai tharan yuishi ngaroka. Shim lila avavā ngarana sakmeida khuikhavai naongara bingna hotna ngaroka. Nao kaikhanava shimluikat chungmeida khui khavaila sai.

Hi mikumowui thotchan khareli mi sakathata Cainli shoka. Varena Abelwui kachikat otmang khuimi haowa. Chili Cainna yuishida agato Abelli sathat haowa. "Kachangkhata ainwui athishurda ot saikora ashee eina tharmingasak papama; kala shee takhami maningla morei mapheomipai mana" (Hebrews 9:22) da kapi kahai athishurda ahi ashavā Adam eina ashava Eve aniwui eina kachikatwui maramli tamkhui haira sara.

Thalala ana athei shirei chikata, kala Abelna Varewui ningkachang athishurda phara khare yao chikata. Kachi kathana Abelva yao kahomma mi sathada yao kachikat hi awui vanga pailaka da hanga kha chi matha mana. Ala ashavavāwui eina tamkhuida Varewui ningkachang ot khamina. Chiwui vang eina Varena Abelwui kachikat khuimi haowa. Hithada Cainna agato Abelli yuishilak haowa. Hili yuikashiwui meichi chuimamanda ali sathat haowa. Hi theida Adam eina Eve ani kayakha chotsara do!

Shitkasang alungli Chinaongara bingli Yuikashi

Vareshi bingla ot kala shitkasang alungli yuikashi leingaroka.

Hikatha hi ot ngaraicha kahai kala zingkum horzak eina ot kasa bingli shoka.

Matthew 19:30li, "Kha arui khare kasabing khanaoa sara kala arui khanao kasabing khare sara," da hangkahai thada zingkum khanganui bingna, shitsang khanao bingna kala church rasomkanao kachi bingna rikahai shokra. Hikathawui eina athumli yuishi haipai. Hikatha hi churchwui memberbing mangli khalei maning mana. Hi pastorbing lila, churchbing lila kala Christian organization binglila leisera. Vareli ningkashi khami tharan ringphaserga machila kaikhana yuishida organization kateili makhunta khavaila sangaroka. Naongarabing ngayat ngarokta lei chikha avavāna kathada phaningra khala? Athumna avavāli mathada samilala maringpharar mara. Hithada Varewui naongara bingna church ngatatei dali ngayat ngarokta khalei kala yushi ngarokta khalei hi Proho nala maringpharar mana.

Saulna Davidli Yuikashi

Saulna Israelwui awunga kharena. Awui mirin Davidli yuishipam haowa. Saulwui theikakhuili David hi awui ngalei kankakhuiya shipai akhana. Philistinewui Goliathna rai sakhavai kasa tharan Davidna shipai akhawui thaona leilak eina ngararlaga lungguinao akhana thamthat haowa. Hithada otshot kateonao hina Israel ngaleili khayui khuirai. Chiwui eina Philistine naobingna rai rakata yangsang khavai David ot kahaka sai. Saul eina Davidwui yangshi khangarok chi hieina haophoka. Rai yuida khara tharan mibingna Davidli samphang kakhuiwui akhon chi Saulna manganangai thumana. Hithada ngavaowa, "Saulna thingkhali shaothata, Davidna thing tharali shaothata" (1 Samuel 18:7).

Saulna mangangnailak thuda phaninga, "Kathada David eina I chancham sapaira khala? Ava khikha maning mana thada yao kahoma akhana!"

Akhon chi shalaga a malung kanglak haowa. Mibingna Davidli hiyakha masotmasao ngayimana chida ningmaonga. Chieina David hi mi khomzata khaleina da Saulna phaninga. Chiwui eina Saul malung vatmeikhar haowa. Davidna mi khomda leihaikha ali rai kasa maningla katei malei mana da ana khuihaowa.

Malung vatmaman ana Davidli sathat khavai khangaran sai. Thangkhava Saulli kameo zangda rekharek kahai tharan Davidna tingteila huida chingrihai ngasaksai. Atam hitharan Saulna kazei eina phara. Kala mahailak eina David yamthui haowa. Kha Saulna ali sathat phalungra da nganing haowa. Hithada atam kachida ana shipai eina ngasoda Davidli kharomching haowa.

Thalala Varena thao neokahai mi akhana da Davidna Saulli makapha sakhavai maphaninglak mana. Hi Saul nala thei. Kha Saulwui yuikashi chi masuitalak thumana. Hithada Saulna

Philistine raili mathisangrang eina tangda awui ning chingri kahai maleilak mana.

Mosesli Yuikashibing

Mishan 16li Korah, Dathan kala Abiramwui maramli kapi hai. Korah hi Levite shangwui einana, kala Dathan eina Abiramva Reuben shangwui einana. Ashi kathumna Aaron eina Mosesli ngakaishi haowa. Mosesna Medianwui rao akha sada kathana salaga athumli mungda khalei chi mamayangai thumana. Hithada ashi kathumna kathana sangai haowa. Chiwui eina ashi kathumna mi khomphok haowa.

Korah, Dathan, kala Abiramna ashi kathumli kashura mi 250 phakhuilaga athumwui pangshap khuira da phaningsai. Athumna Moses eina Aaronli vangayāta hanga, "Athumna Moses eina Aaronli makhamayawui kazip akha khuida hanga, 'Nani sakhangai sahaira! Yarui hiwui mi kachiva kathara manga, kala Prohona athumli ngasomida lei; laga kachiwui vang Prohowui mibing hili langmeida nani khalata sochikat khala?" (Mishan 16:3)

Hithada ashi kathumna sakhangangai salala Mosesna khikha mangahanka mana. Athumwui makapha chi theikhavai ana khuktida Vareli seiha sathaya. Chiwui eina Varewui malung khavat chi Korah, Abiram kala Dathan kala ashi kathumli ngaso kazat bingli tashung haowa. Ngalei ngachakhaida athum katonga alungli tazangser haowa. Kala Prohowui eina mei rada kachikat ot sada khalei bingli chuithat haowa.

Mosesna khipalikha makapha masamana (Mishan 16:15). Mibingli kapha eina thankazat manga. Ana atam atamwui athishurda Varena athumli ngasomida lei kachi achuk sada matakhak kahai ot chithei. Chancham Ana Egypt ngaleili Ten Plagues mi, Red Sea chi ngalei katheng thada kanngasaka, ngalungwui eina mangkhavai tara shokngasaka, kala lamhangli manna eina vanaosa samphang ngasaka. Hi thatheida athumna Mosesli mamayangai thumana.

Mosesli yuikashi hi kayakha hakhamaha morei khala kajila Varena mibingli theingasaka. Varena kapangshok kahai mili bichar kasa hi Vareli bichar kasana. Chiwui vang eina ithumna Vare mingli semka kahai church kala organization bingli bichar saphaphaki kaji maningmana. Varewui miktali ithum saikora hi chinaongara sahaoda yuishi khangarok hi hakhamaha moreina.

Kakhalat Makhalei Otli Kakahao

Yuikashi manga eina ithumna ot samphang paila? Masamphang pailak mana! Ithumna yuishida mibingli pheingaphok ngasak hailaga thakmeida zatra chira, kha china khikha masamphang ngasak mana. James 4:2li hanga, "Nathumna kahaolala masamphangrar mana; chiwui vang mi shaothat ngai kala ngamarlala nathumna makhuirar mana, chieina nathumna ngama ngashaowa."

Yuikashiwui maramli Job 4:8li hithada kapi hai, "Inala theikhui haira morei ot kasa, kala makapha khayao athum bingna chi takam eina hatkhui." Nana kasa makapha ot chi nali hanungluira.

Nathumna sakahai makapha ot chi nathumli hankhaungda shimkhurli kala ot kasali hapkhanora. Chansam 14:30li "Chingri kahai ningna phasali ringasaka, ning kakazana arakui shuingasaka," da hangkahai thala yuikashi hina khalatali ringkashi khuirai, hi khikha kakhalat malei mana. Chiwui vang eina nathumna mili rizatngai akha singda khalei Vareli ngahanki kajina.

Nathum kapopo masamphang lapai. James 4:3li hithada hanga, "Nathumna polala masamphang mana, kachiwui vang khala kaja nathumwui ningrin mamashungla phasana ningkachang chiamang poi." Phasa ringpha khavai hiya Varena mami mana. Kha mi kachungkhana phasawui apong phathui haowa. Athumna khalatawui vang pangshap, aming kazat, kala lan popam haowa. Hina maram sada iwui ministryli kakhanang kachungkha samphanga. Khamashunga sokhami hiya lan, pangshap kala aming kazat hi maningmana, kha manglali khamahai samkaphang hina.

Hikatha hi nathumna samphang lala huikhamili hapkhano haikha khi kanna khala? Okathuiwui otbing hiya leichui thada shimanser haora. 1 John 2:17li hanga, "Okathui kala chiwui alungli khalei mibingna ningkachang saikora shimanser haora kha Varewui kaphaning kasabing mashimanda ringra," kala Hashokme 12:8 lila hithada hanga, "Aremawui arema, saikora aremmana da hashokmena hanga."

Makan khanawui vang eina nathumna nachina ngara bingli mayuishi mara kaji hi ina shitsanga. Chithakha nathumli Varena ngahanka mida kazingramli katang makhavai wungram samphangra.

Yuikashi eina Manglawui Kakahao

Vareli shitsanglaga mibingna yuishi ngarokli. Nathumna leikashi kala shitkasang vat-haikha yuikashi leida pangshap, aming kazat kala lanli kahaothui haora. Nathumna kazingramwui mi sada Varewui nao ngasa kachang khatkha okathui mibingli mataimeikhar kahaina. Khiwui vangkhala chilaga nathumva kazingramli katang makhavai mirin samphangra.

Jesuli makhui kasanga athumla matailaka, chiwui vang eina ithumna athumli kazingram thanvaki kajina. Hiwui shitkasang alungli ithumna khongnai bingli leishi kashapna. Kachi kathana shanghaikha ithumwui vangla zanga chida ringpha shapki kajina. Khamashunga shitkasang khalei binga makan khana otli maphamara kha kazingramwui otli phathara. Hi manglawui kakahaona.

John rahikmiwui thot eina thuida aja rashungda kazing wungram hi rotmaratlak eina rashuma kala rotkhamaratwui mibingna pangshap eina yuikhui khavai sai (Matthew 11:12).

Manglawui kakahao hi yuikashi eina mangarai mana. Prohowui ot sakhavai kakahao hiya leipai. Kha china khamashungwui leiret makanhaikha mibingli phei ngaphok ngasaka. Hi masakapaina. Prohowui ot sakhavai chikha khangazanna bingli phara, athumwui kanna khavai ot samira kala mi kachivali chingri eina ngasopamshap khavai apong phara.

4. Leikashina Malangso mana

Khalatali yanglaga langkaso mi lei. Athumli mina khi phaningra khala kaji maphaning mana. Mibingna athumli theimi khavai apong phapamma. Josephna nganuida leilaga awui mang chiwui vang langsolak sai. Hina amei bingna ali yangkharing haowa. Ashavāna ali lumna nganao haida amei ngarana khi phaningli khala kaji a mathei thumana. Hithada naoda rao akha sada ali Egyptli yorsang haowa. Manglawui leikashi masamphangrang lakha khangacha eina mibing hi langso ngarokpai. Chiwui vang eina Varena kahangna, "Leikashina malangso mana" chida.

Langkaso kaji hi sotkhamasaoli kahangna. Mibingna mi kaikhali mathameida ot sahaikha athumli theimi khavai sangaroka. Hikatha sotkhamaso hina khi shokngasak khala?

Chancham sada avavā kaikhava anao ngarawui lairik kathem chi theida langsolaka. Mi kaikhana athumli ringphangaruma, kha chungkhameina maringpharar mana. kha hanglaksa chikha nao china lairik kayakha themlala chiwui vang mina athumli theimi khavai apong maphaki kajina. Nathumwui khongnai bingwuinao ngaralila lairik themngasak ngaiki kajina, hithada athumna lairik kathem kashok tharan ringpha ngarumki kajina.

Langkaso binga mibingwui kapha theida makahaongai mana. Kha apong katei eina athumli makhunta ngai. Hi langkasowui eina samkaphang maram akhana. Langkaso hiya khamashunga leikashiwui eina talaka. Khalata sotmasao akha mibingna theimira da nathumna phaninglapai, kha mina maleishirar mana. Mibingna nathumli chin kara, "Kha nathumna khayaning nganingda langsoi, hi khangui otna" (James 4:16) da hangkahai hithada.

Mirinli Langkaso hi Okathuili Leikashiwui eina Rai

Khiwui vang eina mibingna langso ngarok khala? Hi ningwui eina kharana. Langkaso kaji hiya okathuili khalei khalatali sotkhamasao hili kahangna. Hi okathuili leikashiwui eina rai. Mibingna athumna ningkachang ot chiwui athishurda langso ngaroka. Lanli kakahao bingna chili langsora, kala ayarwui thongthangli ningkachang bingna chiwui vang langsora. Hithada athumna ayarwui ot lan, aming kazat, kala pangshap hibing hina Varewui atungli hai.

Ishiwui church member akha Koreawui company akhali ngasoda computer business kasa eina mahailak haowa. Ana awui business chi haksang ngasakngai. Hithada loan kachungkha khuida Internet café kala Internet broadcasting wui vang pheisa heisanga. Chiwui eina pheisa two billion won (two million US dollars approx.) zangda company akha shohaowa.

Kha suita mamanda company chi thinanai haowa. Awui shim chila auction sami haora da mina ali kharomzat chinga. Hithada ana basement kala rooftopli ngayinzata. Chili ahi langkaso kala lanli kakahaowa mi akhana kaji hi phaningkhui haowa. Hithada awui ot chi haksang reisang khavai mang phaningda mi katei lila malaiser haowa.

Kha ana Vareli ning khangateida wuklungwui kakharamchi horkahai atam tharan khamakhao sakhamatha ot chi kasa eina tangda ringphashap haowa. Varena awui kasa khava theida business akha saluishit khavai apong chitheimi. Ara khamashung apong eina zat-haoda awui business chi reisang haowa.

1 John 2:15-16li hanga, "Okathui kala chiwui alungli khalei otbing chili maleishi alu. Nathumna okathuili leishi akha Avāvali maleishi mana. Okathui otli ningchangmeida morei kasa mikwui kakahao okathuiwui langsot saikora hi Avāvawui eina khara maning mana kha okathuiwui otsera."

Southern Judahwui tharada kathum kakashunga awunga Hezekiah Varewui miktali mashunglak eina zata Temple samathaching sai. Seiha kasa manga eina ana Assyriawui rai nganingkhui kala ali kazahaoda seiha kasa tharan zingkum 15 mataisangmi. Kha ana langkaso eina okthui haowa. Ana kakaza raikahaiwui thili Babylonwui shipaibing chihora sai.

Hezekiahna athumli ringkapha eina ngarokhuida awui lan kala aman kasaka ot katonga athumli chithei. Hithada awui langsotwui vang eina Babylonna Judahli rai sada awui khalalei katonga khuithuiser haowa (Isaiah 39:1-6). Langkaso hi okathuili leikashiwui eina kharana, hiwui kakhalatva Vareli leikashi maleimana kajina. Chiwui vang eina khamashunga leikashi samphang khavai wuklungwui langkaso hi horhai phalungra.

Prohowui Mingli Langkaso

Kapha langsot lei. Hi Prohowui mingli langkasona. 2 Corinthians 10:17li hanga, "Langso khangai china Prohowui vang langso ranau." Prohowui mingli langkaso hina Vareli tekmatei ngasaka. Kapha chacham akha chiya testimony khami hina.

Paulna Galatians 6:14li hanga, "Iwui vanga ithumwui Proho Jesu Christawui krush maningla langso khavai maleimana, kaja krushwui vang eina okathui hi iwui vanga khikha masavai mana kala okathuiwui vang ila khikha masavai mana."

Ana kahang thada ithumma ithumli ngatangmida kazingramwui wungram mikashapa Jesu Christawui vang langsoi. Moreina maram sada ithumma katang makhavai kathili leikasana, kha Jesuna krushli thikhami manga eina kanmida katang makhavai mirin samphang ngasaka. Hi kayakha ningshi khamataido!

Hina maram sada pao kazata Paulna awui khangazanwui vang langsoi. 2 Corinthians 12:9li hanga, "Kha ana ili hanga, 'Iwui lukhamshan chi nawui vang shapa, kaja khangazan tharan iwui pangshap chi kashung ngasaka.' Chiwui vang eina iwui khangazanwui vang mataimeida mathanda langso meira, chitakha Christawui pangshap chi iwuili leimi chingra."

Paulna handkerchief sakaza manga eina kakazanao kharai samphangasakta matakhak kahai ot kachungkha sai. Ana missionarywui shongza kathumli keinung kachungkhali church kachungkha semkai. Kha ot saikora chi ana kasa maning mana da hangphata. Varewui lukhamashan kala Prohowui pangshap manga eina sakashapna da ana langsoi.

Aruihon atamli mi kachungkhana Vareli samkaphangwui testimony mingarokta lei. Athumna Vareli ngavapta kharing tharan kazātla raimi, lanwui sokhamila samphanga, kala shimkhurli chingri kahaila mi chida phongser eina hangshapta lei.

Chansam 8:17li "Ili leikashe bingli ina leishi, ningsanglak eina kapha mina ili samphanga," da kapi kahai thada Varewui leikashi chiwui vang athumna mibingli shakhi sakashapna. Hi manglawui sokhami samkaphangna. Hikatha langsot hi Vareli tekmatei ngasaka kala mibingli shitsang ngasaka. Hithada kasa eina athumna kazingramli lan kazipsangda kapopola thakmeida samphangra.

Kha ithumna ningasharki kaji akha lei. Mi kaikhana Vareli tekmatei khangasakna chilaga athumwui otsak mibingli chithei kazat ngasai. Hiwui kakhalatva athumwui sakashap manga eina sokhami samkaphangna kajina. Hikatha hi Vareli tekmatei khangasak thada katheimana kha khalatawui ot kasana. Athumli Satan makapha khuirara. Athumwui langkaso katonga chitheimira, chiwui eina kachot kachang samphangra, or kachi kathana athumli matheimi thukha Varewui eina ngapak kahaila shokra.

Romans 15:2li hanga, "Kha khongnainaoli awui shitkasang

mataisang khavai ningyang ungasak phalungra." Hangkahai hithada ithumwui khongnaili mashit chingki kajina. Tara filter kasa thada ithumna mamatuiranglaga kaphaka kashi khala kaji chukmaja kazakra.

Langkaso Horkahai

Langsokapai maram kachungkha leisalapai kha khipakhana katang mavaila maokthui mara. Okathui mirinwui thilili Kazingram maningkha Meifa vaserra. Kazingram liya shongfa eina tangda sina mang haida chiwui tekhamatei khikhali machansampai mana. Chiwui vang eina okathui hili langkaso hiya aremmana. Okathui hili lan eina pangshap lei kala amingla zatlaka chihaosa, kha naoda Meifa vara kaji hili langso kapai leila?

Jesuna hanga, "Mi akhana okathui tongda samphanglaga awui mangla shimanhai akha awui tongkaza khi leikhala? Lah mi akhana awui mangla eina ngathakhui kapai khi leikhala? Khikhala jila miwui Nao Mayarana Awui kazingrao bingli ngasoda Avāvawqui tekhamtei eina raki kaji nganai haira. Ana khara chitharan mi kachivali kachichana sakahai chiwui athishurda saman mira" (Matthew 16:26-27).

Okathuiwui langkaso hina katang makhavai mirin masamphangpai mana. Kha hina aremmawui otli ningchangda sakashimanli vatanga. Ithumna hi theilaga langkaso horhaida kazingramwui apong phathaki kajina. Hi naoshinao akhana toy kadhar akha theida awui kachamma toy chi horkahai kathana.

Kazingramwui tekhamatei theilaga okathuili kahao ching machipai mana.

Phasawui langkaso hi horhai khaleoda Jesuwui mingli langso shapra. Chieina okathuiwui otli maningla kazingramwui otli ningchangtha haora. Hithada ithumwui mirinli masamphanglakra kache ringkaphana pemhaora. Kachot kachang samphanglala saklak eina makhuirar mara. Jesu Christa eina tangda mikashap Varewui leikashi chimangli yangda Vareli masot mimamanda apong kachivali okthui shapra. Mina ithumli solala malangso mara kala manashilala mangang mara. Mina ithumli solala kala zeilala Vareli ningshi shapra.

5. Leikashina Khayaning Maphaning mana

Themkharek binga kateili athumna chumei kala mathamei da khuiya. Athumna kasa ot chi ungshung haikha langso laka kala china ngachāng shingasak haowa. Bibleli hangda khalei Varena ningkakachai maram akha chiya khayaning kaphaning hina. Hina maram sada Vareli compete sakhavai mibingna Babel Tower semkai. Hiwui eina mikumowui tuila ngatei ngasak haowa.

Themkharek bingwui Acham Aram

Themkharek binga mi katei liya athumna phamei da khuiya. Hithada apong kachivali athumna chuimeida khuichinga. Athum khalata phameithui dala khuiya. Mi kateili khikha maning mana da tamkachithei ningaila lei. Athumli ngazan khamei mi samkaphang tharan langso laka. Athumli chuikhamei kala mathakhamei mi samphangkha ningkachai. Hithada athumna kahang tui manganangai mara. 'Ila thei kala theiserra' chida miwui tui makhuilak mara.

Hikatha mi hiya mibingli ngayat shonna. Chansam 13:10li hanga, "Maheng kasangana langsoda khanganang shoka, hangkachithei khuikasang chi thangkhameina."

2 Timothy 2:23 lila hithada kapi hai, "Mangkhama kala ning

makhaleiwui ngaphat ngayat chili mazang alu. Hikatha eina naoda kakharar shoka kachi nala thei." Chiwui vang eina ithum khalatana phameithuiya da kaphaning hi mangkhamana.

Mi kachivawui theikakhui ngateiserra. Hi mi akhana khi thei, ali kathada nganaoka, kala khi tamchithei kachiwui athishurda khara. Kha kaikhawui theikakhuiva yonlak kahai lei. Hikathawui theikakhui hi ithumwui ningli atam kasangkha leihaikha khalatta sotkhamasao shokka. Hina kateiwui liya khalatawui kaphaningna mashungmei kachi shokngasaka. Hithada chi athumwui acham aram ngasa haowa.

Hikathawui ningaihi phasawui arakui (skeleton) kathana. Arakuina shape semkahai hi mashungkhui shiya. Khalatana phakhamei kaji hi ningaiwui eina rai. Ngazan khameiwui ningai khalei binga mibingna athumli pang zachada khayon kaphen tharan khayaklaka. Chachamli hangkahai thada kashanga mi akhana awui phahon khangrao adjust kasahi langkasona kala mili kachitheina kajina. Kala mi akhana tui kahak khamatui hila mili yangkatana kajina.

Liberty Statue hi San Franciscoli lei da ina lairik tamda leilaga oja akhana hanga. Ana United Stateswui map singda ili tamkachithei chi phaning-ung chingda lei. 1990 zingkumli revival meeting akha sakhavai I United States ngaleili vai. Chili Liberty

Statue chi New York keinungli leisai.

Iwui ningliva statue chi San Franciscoli lei da phaning haida New York hiya khikhala da phap matasa mana. Ina mibingli khangahan tharan chi New Yorkli khaleina da hanghaowa. Iwui ningli mashunga da leikasa chi yonhaira kaji hi ina theihaowa. Langmeida ina kathei hi yonsa haipai dala phaninga. Hithada mi kachungkhana makhamashung chili mashunga da khanganing lei.

Themkharek binga athumna yonhaira kaji theilala nganing chingda ngayāt pamra. Kha malung khanima binga mibingna yohaira kaji theilala mangayātpam mara. Athumna 100% mashunga kaji theilala athumwui chi yonsapai da phaninga, kaja athumma mibingli mai mashi ngasakngai mana.

Malung khanima binga manglawui leikashi leihaoda athum liya mibingna phamei da khuiya. Mi kateina apong kachivali ngazanmei kaji leilala ningli athum ngazanmei da khui. Jesu Christana ashee shokmi haoda mangla saikora chi aman saklaka da mi kachivali ngaraicha eina khuimi shapa.

Phasa eina Manglawui Khayaning Khanganing

Khalatali chuimeida khuilaga kateili nemmeida khuikhami kaji hi khayaning khanganingna da pailak eina thei. Ithumna

Proho Jesuli khuisangda khamashung chili nganing shapkha phasawui khayaning khanganing chi horhai shapra. Manglawui khayaning khanganing hi pailak eina machihopai mana. Manglawui khayaning khanganing kaji hi khikhala?

Nathumna church kachingkha Varewui tui theikakhui kachungkha samphangra. Chithakha nathumli mina theimida kathana sakhavai eina tangdala hangra. Chili "Ihi mashung kahai lama' da phaning haora. Hithada mibingli Varewui tui eina bichar saphok haora. Hithada churchwui kathana kaikhana athumna mayonki kaji rule kala regulation chi sakhai ngarokta lei. Athumna churchwui order kachungkha sakhai haowa, marama 'Ila kathana akhana, ina kasa hila mashunga' da khuihaowa. Hikatha hi manglawui khayaning khanganing hoi.

Varewui ain binga yangkhei hailaga Vareli ning khangatei hi mamashung mana. Mibingli chipata bichar kasa eina ithum khamashunga leikashi chi maleirar mana. Khamashung kaji hina ithumli theikhangasakna, ngana khangasakna, kala kapha tui matui khangasakna.

Ivanao ngara, nathum akhana akhali mamashat ngaroklu. Avanao akhana akhawui tungli khamashat lah bichar kasachi ainli khamashat kala bichar kasana, ainli bichar sakha nava ain makhamyonna maninglui mana, kha bichar kasana (James 4:11).

Mibingwui khangazan kathei tharan nathumna khi phaning khala?

Jack Kornfield wui The Art of Forgiveness, Lovingkindness, and Peace lairikli mathei thangkhamei bingli tamkachithei maram kachungkha kapi hai.

"South Africawui Babemba miyurwui athishurda makapha mi akha leihaikha ali khawui alungthungli haira. Chili mi katonga ot nothahai phungda khararnaosan mataila mipa chili rakuinam serra. Chiwui eina mi kachivana mipa china sakahai kapha ot bing chi phaningra. An sakahai kala awui otsak katonga phaningung serra. Kala chili awui kapha otsak katonga khuishokra. Hikathawui ceremony hi atam kasangkha sai. Khanaowali mipa chiwui makapha otsakli kapha otsakna chungmeida samphanghai ali khuisangmi luishitra."

Hithada atam kasangkha ceremony kasa tharan khayon ot kasa bingchi athumwui makapha otsak phaningkhuida ning khangatei samphang ngasaka. Hithada kasa eina miyur chiwui alungli crime kachungkha malei mana da hanga. Chiwui vang ningshi.

Mibingwui khayon kathei tharan bichar masala lukhamashan eina ithumla kaji katha mikhala kaji phaning-ungki kajina. Thada vareshi kasa eina ithum mashung haowa machipai mana. ithum khalata check sachingki kajina.

Mi akhali mathar mathengmi ranglaga themkharek hi leiserra. Chiwui vang eina khayaning khanganing hi phurshok haiphalungra. Seiha kasa manga eina maningkha phurshok hailala raluihai pai. Hi angayung eina maphurshokha kharching kaji khawo kathana. Hanglaksa chikha moreiwui ningai hi horchao machikha themkharekwui ningai hi razanglui shita. Chiwui vang eina ithum khalatali mibingna phamei da khuilaga Prohowui mangali ithum khanima mi saphalungra.

Themkharek bingna Athum Khalatali Shitkasang

Nebuchadnezzarna Babylonli golden era haophokmi. Okathuiwui tekhamatei alungli kazanga Hanging Garden akha chiwui atamli sakhui. Chili awui keinung katongawui tekhamatei chi awui pangna semkakana da langsolak haowa. A khalatawui statue semkhuilaga mibingli khorum ngasaka. Daniel 4:30li hanga, "Awungana hanga, 'iwui khangam khare tekmatei khavai, iwui keinung hirikha kahaka Babylon hi iwui pangshap eina sakakhui maning mala?'"

Okathui katongawui khamunga hi khipa lakhala kaji Varena ali theingasaka (Daniel 4:31-32). Chiwui eina ali wungpam khongwui eina khuithuida zingkum shini sayur thada okthui ngasaka. Wungpam khongwui kakhalat hi khikhala? Varena mamikha ithumna masakarar mara. Nebuchadnezzarna zingkum shiniwui thili mikumowui ning rahaowa. Awui langkaso chi phaningungda Vareli maya haowa. Daniel 4:37li kapihai, "Ara, kazingramwui awunga chili Nebuchadnezzar ina khaya shida masot miya; ava khamashung otmang sai, khangarong pongli zata, kala langkaso athumli maishi ngasak shapa."

Nebuchadnezzarwui maram mang maningmana. Vareshi makhaning bingna khalatali shikasang kachungkha lei. Kha athumla okathui hiliya mayuirar papam mana. Mikumowui pangshap eina mayui kharar problem kachungkha lei. Siphan zingrot kala kazing kakum hikatha thahi sciencewui pangshap einala mayuirar kala makhamrar mana.

Aruihonwui ari araina marai kharar kazat kayakha leikhala? Kha mi kachungkhana problem samkaphang tharan Vareli machihanla khalatali chihanda lei. Athumwui theikakhuili shitsanga. Laga athumna masararthura chikha Vareli mashitsang thura kaji hailak ngakai shipama. Hi athumwui wuklungli khayaning khanganingwui vangna. Hina maram sada Varewui mangali malung khanim eina athumwui khangazan chi maphongshokrar mana.

Lumashanmeithui kaji akhana vareshi bingla Vareli machihanla athum khalatali shitsang ngarokta lei. Vareva Ana ngachonmida Awui naongara bingli okthui ngasak ngaiya. Kha nathumna khayaning nganingpam haikha Ana mangachon mirar mara. Chiena nathum makaphali mayuirar mada mamahai mara. Chansam 18:12li "Shimanki kaje mina ngamreka, ngahuiri haikha khaya kai," da hangkahai thala nathumna maikashi samphangda khalei hi khikhana maningla nathumwui themkharek ningai nana.

Vareva themkharek hi makhamana da khui. Kazingram eina okathui kasema Vareli yangkha mikumo hi kayakha kateokhala? Mikumo saikorali Varewui zakyui khuida semser haokida kharei kateo makhaila ithum hi Awui naongara serra. Okathuiwui otna ithumli kayakha langso ngasak khavai salapai, kha hiwui mirin hiya hunnakha manga. Shalak kahai mirin hi kupkahai tharan Varena bichar saserra. Chiwui eina ithumna okathuili sakahai athishurda Varena khangka mira. Hi James 4:10li "Prohowui mangali malung nimlu chithakha Ana nathumli reingasakra" da hangkahai thada shokra.

Atam kasangkha pukhri akhali tara haikha suida akana pemhaora. Kha tara china longda leikha yireili longzangda milila ringvai ngasakra. Hithada ithumwui malung khanim hi khikha maningla mili ringkhavai kasana. Prohowui mangali malung nimmeisa.

Manglawui Leikashiwui Asak Avat I

1. Manglawui leikashina khangmi
2. Manglawui leikashina lumashanmi
3. Manglawui leikashina mikpai mashimana
4. Manglawui leikashina malangso mana
5. Manglawui leikashina khayaning maphaning mana

6. Leikashina ot Mathada Sai

Acham aram kaji hi ithumna mibingli kathada ngaso kala ngahanra khala kachili zanga. Langmeida hi khararchan kasali, phakazali, or yarui mangali kathei samphanga.

Acham kapha kaji hi mirinli khamataiyana. Mi akhawui acham aram yaruina khamaya kaji hi mibingna kahaowa. Kha ithumna acham mapha thukha ngaso kapam bingli ringkapha vata. Langmeida ithumna mi akhali leishiya chilaga mathada msami akha mipa china ithumli mashitsangrar mana.

The Merriam-Webster's Online Dictionarywui athishurda tazak kahai kaji hi mi akhawui mirinli malei mana. Thang thangli apong ngatateida samphanga. Matakhak eina kachi kathava mibingli ning sazangasak hailaga chitha haira kaji matheimana. Matailak eina ithumli ngaso kapam bingli ning saza khangasak hi shokappa. Hi mamaya khangai atamli acham aram ngateithui haida kashokna.

Kha ithumna mi akhali leishi kachang khata chikha makapha acham aram masalak mara. Nathum aman kasaka kazao (jewel) katha kachungkha lei chihaosa. Nathum thada haipha pharala? Shiman haipaishina kala tek-haipai shina chida saklak eina haira. Hithada nathumna mi akhali leishi kachang khata chikha ali kayakha sakta samira khala?

Acham aram makazat apong khani lei: Vare kala mikumowui mikatali.

Vare Miktali Acham Aram Makazat

Kachi kathana Vareli leishiya chilaga athumwui otsak kala tuimatui Varewui eina talak eina lei. Chancham sada sikhangut (drowsiness) hi Varewui miktali zakshilak kahai maram akhana.

Worship service atamli sikhangut hi Varewui mangali kasa otna. Ngalei akhawui president or company akhawui CEO akhawui mangali singutpam kahai kaji hi mangayilak mana. Kha Varewui mangali chithakha kayakha zakshimeira khala? Nathumna Vareli leishiya kaji chi ningmaongpai laka. Or nathumwui khamashita ngasotnao akhali samphanglaga shingutpam haowa chisa. Hi kathada khamshita ngasotnaona chipaira khala?

Kala nathumna worship service atamli ngaso kapamma mi akhali khararchan sapam kahai kaji hila makhangayina. Hikatha acham aram hi Vareli khaya makashina.

Hikatha acham aram hi preacher panala maringpha mana. Mi akhana awui ngaso kapammali chan ngazekthui haowa chisa, maningkha singutpam haowa chisa. Hili preacherpa china awui message chi maringpha thuka da khuiya. Hili Mangla Katharawui kasak khami chila matheirar mada mathada mamatui khararla shokpai. Hina mi kateilila sheikhawut ngasaka.

Worship atamli volunteer bingna mibingli ngachon khavai zatung zatvai. Kachang khatva hi service kup-hailaga saki kajina. Mi kaikhana serviceva makup ranglaga message kup-haira chida ungkahai lei. Hila masakapaina.

Vareli khokharum kaji hi Old Testamentwui atamli kasa burnt offeringli chansam sai. Athumna kachikat kasana chida sā taithata sāpam kaikha meili ruitai (Pangmonshi 1:9).

Hikatha otsak hi aruihon atamli ithumna haokaphok eina thuida katang eina tangda mathada worship service kasa hina. Ithumna seiha kasa eina haophoklaga khanaowa benedictionwui Lord's Prayerli vanga changsangki kajina. Laa kasa kala announcement atamli eina tangda ning sanglak eina pamki kajina. Kala church worship service mang maningla katei worship service kathala ning kasang eina kupsangki kajina.

Ning sanglak eina Vareli khokharum kharali mahuiki kajina. Mibingli samkaphang tharan lila kahui hi maphamana chilaga Vareli khakharumli huihaikha kayakha zakashi khala? Atam kachivali Varena ithumwui khokharum khuimi kida ngarai chinga.

Chiwui vang eina ithumna service haophok nakhali maraki

kajina. Rilak eina ralaga seiha salaga ngarai pamki kajina. Langmeida service atamli phone kasa kala noshinaobing zat-ung zatkhava kaji hila mamatha mana. Serviceli chewing gum kashei kala athei kashai kaji hila masakapaina.

Worship atamli nawui azak mathada sakakhui hila khamataiyana. Church kakali shimli sangkapam phahon kachon eina khara hi mangayi mana. Kaja shanvai chonvai hinala mi akhali khaya kashi kachitheina. Varewui naongara bingna Varehi kayakha aman sak-khala kaji thei. Chiwui vang eina Ali khokharum kharali samatha kazaklaga raki kajina.

Wednesday service maningkha Friday All-night Service katha liya mibingna otpamwui dress eina khara ngavai. Hi mibingna katotsisi eina rangarok haoda kajina. Hikatha atam liya Varena mamaya khangai masa mana, kha atam chada rakhangaiwui wuklung chi theida Varena ringpha thaya.

Service kasali Varena ithumli ngarumngai. Serviceli seiha kasa kaji hi Varewui naongara bingwui otngarutna. Kaja seiha kasa hiya Vareli chan khangazekna. Marakhalei seiha sada leilaga khikha emergency leihaowa chida rakahola ngavai. Hili nathumna seiha kasa ngasamda mik rakshok kahai hila sheika khawutna. Kalikha mina rahohaikha seiha sakup hailaga ngahanaoki kajina.

Ithumna khamashung eina manglali seiha sada khorumkha

Varena somi. Ana kathak eina ithumwui seiha ngahankami. Kha ithumna zingkum kachida makapha otsak sachithei haikha moreiwui phakho chi leihaora. Pareigahar kala chinaongara bingwui relationship hi mamatha kha problem kachungkha rai. Varelila hithai. Vare eina ithumwui relationship hi mamatha thukha kazat kashi kala accident katha kachungkha rashokpai. Ithumna seiha sada polala mangahankami mara. Kha ithumna worship service atamli acham aram mathada zatkha proble kachungkha solve sashapra.

Church hi Varewui Kathara Shimna

Church hi Varewui pamkhavai shimna. Laa 11:4li hanga, "Proho Awui kathara Vareshimli lei, Prohowui wungpamkhong kazingli lei."

Old Testament atamli pangmon maningla khipakha kathara hangphut pamli mazangpaisa mana. zingkum khali pangmon china akha shimang kazangna. Kha aruihon atamli Prohowui lukhamashan manga eina ithum saikora kathara shimlungli zangda khorumpai haira. Hi Hebrews 10:19li "Chiwui vang eina ivanao ngara, Jesuna thimi kahaiwui vang tharmathengmeikap kaji pamli ithumla zangpai haira" da hangkahai thada Jesuwui ashee manga eina zangkapaina.

Kathara shi kaji hi khaorum khavai apam mangli kahang

maning mana. Churchwui court yard katongala zangkahaina. Chiwui vang eina ithumna churchli kapam atam tharan ithumwui tuimatui kala otsak ningasharki kajina. Malung vata mangayat pampai mana kala okathuiwui lei kasa (business) hikathathawui tui mamatuipai mana. Hikatha otsak hi Varewui kathara ot sakhaimi kahai kathana.

Khayor kala khalowui ot hi churchwui apamli masapai mana. Aruihon atamli Internet manga eina churchwui otla longarokta lei. Hi business kasana. Jesu Christana lei kasawui table phalatmi kahai kala sa saikora kathara shimwui eina kharomshokser kahai chi ithumna phaning ungki kajina. Hithada Jesuna kachikatwui ot kala sa eina tangda mamaya mana. Chiwui vang eina ithumna churchli khalo kala khayorwui ot masalaki kajina. Hi churchli bazaar kasem kathana.

Churchwui apam katonga hi mibing khorum khavaina. Hithada ithumna seiha kasali apam chi mamakhao ngasakpai mana. Ithumna churchli leishi kachang khatkha apam chili makapha ot masa mana. Laa 84:10, "Khangatei zimiksho thingthingli nawui shimli thangkha phamei, makaphawui shimli pamki kajeli Varewui khamong khamayonna sangaimei."

Mikumowui Miktali Makapha Acham Kazat

Achinali maleikashiya a chi Vareli maleishi mana da Bibleli kapi hai. Hithada mik eina theikashap mibingli kapha ot masarar akha mik eina makathei Vareli kathada kapha ot sapaira khala?

"Kachi kathana 'I Vareli leishi' chilaga avanaoli yangkharing akha a kakapikna, kaja ana mik eina kathei achinali maleishi akha, mik eina makathei Vareli maleishirar mana" (1 John 4:20).

Pailak kahai thangthangwui makapha maram chi ithumna phaningsa. Mibingwui vang maphaningmi kha makapha ot kachungkha rashokpai. Chancham sada ithumna phoneli khangazek atam tharam acham aram leida sai. Ithumna ngalang zarlak kahai mi akhali huilak kahai atamli kasangkha phone eina khararchan kasa kaji hi mipa chili makapha kasa kathana. Huilak eina mili samkaphang kala mahangla thada shimli yaothui khara kaji hila makaphali chinga.

Mi kaikhana "Iniya nganailak eina khangasona chieina khiwui vang chiyakha formal sarakhala se?" da phaningpai. Nathumna mi akhali mathalak eina theingarok salapai. Kha mi akhawui wuklungli khalei hiya 100% matheirar mana. Kha ngasotnaona chilala kaikhana ngateida khuikahaila shokpai. Chiwui vang eina mibing kathada phaningra khala da theikhami hi mashunga. Thada nganailak kahai ngasotnaona chida ning mangasharla ot masaki kajina.

Hithada chalak kahai ngasotnaoli ning sazangasak kahai kachungkha lei. Shimkhurwui mibing kala ngasotnao bingli chakchinda makasa eina mangasopam kapai makhalei maning mana. Kala khararnao bingna naoshinao bingli teoda khuikhamila leida lei. Athumna khaya eina mamatuila kala kakasowui acham kasa eina maringpha khangarok kachungkha lei.

Aruihon atamli ava avā, oja, kala khararnao ngarali mathada sheba sakhami malei thura. Kachi kathana okathui ngachei kahaina da khuira, kha ot kaikha mangachei kapai lei. Pangmonshi 19:32li hanga, "Kui ngaphoktham kahai bingwui mangali thuinganinglu, kasarawui mai yangda khaya shilu, nathumwui Vareli ngacheelu; Proho I lei."

Varewui kaphaning hi mikumowui miktalila kapha eina ot kasa hina. Varewui naongara binga okathuiwui shiyan chikanla mayonki kajina. Chancham sada ithumna yarui mangali khon zarhao, shongfali machora mashotazat, kala traffic law mamayonma chihaikha miwui miktali mamashung mana. Ithumma okathuiwui kahor kala machi salu kaji Varewui naongara bingna. Chiwui vang eina ithumwui tuimatui, otsak, kala ningphanin hi ning ngasharki kajina.

Leikashiwui Ain hina Khamataiyana

Ithumna mibingli samkaphang, kaza khamang, kala ot kasali atam spend sada lei. Hili ithumwui acham aram kachungkha zangkahaina. Kha education, culture kala miyur ngatei khangarok hina maram sada ithumna ngatei ngarokta lei. Thakha ithumwui mirinli khina khamataiya acham ngasara khala?

Hi ithumwui wuklungli khalei leikashiwui ain china. Leikashiwui ain kaji hi Varewui ainli kahangna. Ithumna Varewui tui shada chiwui athishurda ringda leilaga eina tangda Prohowui acham thada zatpaira. Leikashiwui ain katei kakhalat akhana 'phaning khami' hina.

Mi akha pangli thaomei singda zatsai. Chili mi akhana mipa chi mi khangapeo lapai da phaningda ali samkaphang eina kathada na thaomei hi singzat hao khala da ngahanna. phaninga. Ana, 'Nana ili marangatāk khavai hi kasingna da ngahankai. Chiwui vang eina thaomei hi nawui vangna da hanga. Hiwui khararchan hili miwui vang phaning khami maram theida lei.

Ot kateonao wui vanglala mibingwui vang phaning khami kaji hina miwui wuklung ngatha ngasaka. Ot mathada makasa kaji hi mibingwui vang maphaning khami eina kharana. Hiwui kakhalatva leikashi vat-haida kajina. Ithumna mili leishi kachang khatkha athumwui vang phaningmida ot sara.
Thei shiraili matheida khalei athei kateo bingchi chungnada

hekhuimi haikha nutrience chi matheida khalei athei kahak bingchina chimkhuiserda athei chiwui akor shatok haora kala atheichi shaikaphala vāt-haora. Hithada ithumna mibingwui vang maphaning khami atam tharan ringpha salapai kha mibingwui vanga ithum hi mashim maman.

Chiwui vang eina Colossians 3:23li "Mibingli otram khangatha maningla Proholi otram khangathana da phaninglaga kasa chi ning tonglak eina salu" da kapi kahai thada akha eina akha phaningmi ngaroki kajina.

7. Leikashina Khalatawui vang Maphaning mana

Aruihon atamli khalatawui vang phaning khangarok hi kachungkha leida lei. Mibingna yaruiwui machila khalatawui vang mang ot sangaroka. Okathui ngalei kaikhali angangnao bingwui seina powderli makapha chemical sangmi ngarokta lei. Kachi kathana khalata ngaleiwui khamataiya technologyla lingarokta lei.

Chiwui vang eina governmentna yaruiwui shim sami kida kasak kachungkha leida lei. Mibingna yarui phakhavai maphaningla khalatawui vang mang phaningthui haowa. Hithada zakshilak kahai maram maninglala ithumna thangkachi dawui mirinli khalatawui ot kachungkha sangaroka.

Chancham sada lairik katamnao kala ngasotnaobing phaza ngarumma chihaosa. Chili khalatawui ningkachang han chi hangphalungra chingaroka. Hithada awui ningkachang chi kaikhana maningchang mana. Kaikhana mibingwui shaikhangai chi thada shaimasa da sai. Hithada athumna mashaingailala ngasotnaoli ngasoda ringphalak eina phaza ngarumma. Nathum kachipali zangli khala?

Mi group akha khikha sakhavai meeting sai. Chili opinion kachungkha leihaowa. Mi akhana awui kaphaning chi saphalungsa da mili hanga. Kha mi kaikhanava athumwui kaphaning chi saphalungsa machimana kha kateiwui kaphaning chili support masangairareo mayami haowa.

Mi kaikhanava kateina khi phaningli khala da nganapama. Hithada athumwui kaphaning chi mamaya ngailala thada shurkhavai sai. Hikatha hi leikashiwui eina kharana. Hili ngayatpam kahai kaji hi khalatawui kaphaning sara kaji wui eina kharana. Shakza kahai pareigahar china ichichawui kaphaning sara chihaikha ngamapam haora. Kachang khatva akha eina akha phap tami ngarokha anili chingri kahai leira, kha khalatawui kaphaning sara kaji eina khon zarngaroka.

Ithumna mi akhali leishiya chikha mipa chili mathada yangmira. Ava avā ngarali leida khalei leikashi maramli yangsa. Athumna khalatawui maphaningla naongra bingwui vang phaning miya. Hithada ava akhana nganangai meithui kaji chiya, 'Na ngala matha haida nanaola mathai' kaji hina.

Athumwui naongara bingna shaikapha kasha kaza kaza hi athumma ringphalaka. Langmeida athumwui vang maphaningla naongra bingna kashan kachon khamatha khangavai chi athumli ringphalaka. Kala naongra bingna athumli thangmamei ngasakngai. Kala athumwui naongara bingli mi kateina leishi ngasakngai. Hithada ithumna khongnai naoli leishi shapkha Varena kayakha ningyang ungda ithumli ngasomira do!

Abrahamna Leikashi eina Kateiwui vang Phaningkhami

Mibingwui vang phaningkhami kaji hi kachikat leikashiwui eina kharana. Mibingwui vang phaningkhami hi Abrahamna kapha chancham akha sai.

Abrahamna ram kateili va-uka da kazat tharan Lotla ali shurhaowa. Chili Lotla Abrahamwui tungli sokhami manga eina shakei kachungkha mayasangda seizat mangachang thumana. Chieina yao kahom bingchi nganang ngarok ching haowa.

Abrahamna khon mazarngai mada lam ngayarlaga Lotli kapangri ngasaka. Yao bingwui khamataiya chiya seizat eina tara khaleipam hina. Athumna panda khalei apam chi seizat eina tara mathada masamkaphang apamna. Hithada mathakhamei apam mili mishok kahai kaji hi saklak kahaina.

Abrahamna leishi haida Lotwui vang phaningmi. Kha Lotna phap matamada phakhamei Jordan apam chi kapangkhui haowa. Lotna awui ningkachang kapangkhui kahai chi Abrahamna maringpha thula? Maninglak mana. Lotna awui ningkachang apam kapangkhui kahai chi theida a ringphalaka.

Hithada Varena Abrahamwui wuklung chi theida atam kachivali somi. Naoda ahi kashang mi sathada khongnai bingnala ali khaya shiser haowa. Hili hangkahai thada ithumnala kateiwui vang phaningmikha ithum lila Varena somira.

Ithumwui ningkachang ot akha mili mihaikha ringpha kachangkhata. Hikatha ringkapha hiya ot khamipa chimangna phap tara. Jesula hikatha ringkapha hi lei. Hikatha ringkapha hiya manglawui leikashi eina rai. Ithumna ningkachang mi maningla kateili ot mikida saklaka. Kha ot khamili ringpha kashap mi saphalungra.

Ringphamatailak kahai

Mapung kapha leikashi hina ithumli ringpha ngasaka. Ithumna Jesuwui thada mapung kapha leikashi leisa chikha kateiwui vang phaningmi phalungra. Khalatawui vang maphaningla khongnainao, Vare, Proho kala churchwui vang phaningmi shapkha Varena ithumli yangmira. Kazingramli ithumwui saman kazipsang mira. Chiwui vang eina Varena Otsak 20:35li hanga, "Kakhuiali khamena mahaimei."

Hili ithumna tharki kaji ot akha lei. Ithumna Varewui vangna da ot kasa eina khalatawui phasa saza khavai masaki kajina. Ithumwui sakashap kasa chi Varena ningyang ungshap taiya. Church wui vang machi lala seiha sada kala Varewui tui nganada manglawui khamahai samphang khavai saphalungra.

Mi kaikhana dharma or churchwui otli ningsangna ngarok

haida shimkhurli kakai shokngasaka. Chancham sada fasting kasa hikatha hina katei ot mathada masapai mana. Katamnao kaikhana Sunday school vakahai eina lairik mathada maparar mana.

Hangkahai hiwui athishurda athumhi khalatawui vang maphaningla ot kasana da hanglapai. Kachangkhatva hi mamashung mana. Prohowui ot kasa eina katei ot masarar thumana kaji hi mamashung mana. Hikatha hi khalatawui kanna khavai phathui kahaina.

Hithada ithumna ot kasa kachivali khalatawui vang maphaningla kathada sarakhala? Ithumna Mangla Katharali hamsangra. Ana ithumli khamashung chili thanmira. Hithakha pao kazata Paulna, "Zalala manglala kasasa saikora Vareli tekmatei khavai salu" (1 Corinthians 10:31) da hangkahai thada ot kasa kachivali Varewui tekmatei khavai sara.

Hi sashap khavai ithumwui wuklungli khalei makapha chi horhai phalungra. Kala ithumna leikashili ot sakha thangmet samphangda ot kasa kachivali Varewui kaphaning theishapra. Langmei kharda ithumwui mangla hina khamashung apongli zangda leikha ot kasa kachivali khamahai samphang shapra. Khongnai bingnala ithumli mayara.

Shakza thathar pareigahar bingna ili khara tharan akhana akhawui kanna khavai phangarokshap khavai seiha sami chinga. Athumna khalatawui kanna khavai phathui haikha shimkhurli khon kazar leihaora.

Ithumli khamaya athumwui kaphaning sami kida masak mana. Kha ithumli makhamaya bingwui vangva katha? Ithumli mathei khami or ithumli makapha kasa bingwui kaphaning sami sakhamiva katha? Atam kachivali makapha kasa bingli ithumna kathada phaning khala?

Hikatha mibingwui kaphaning masa khami kala hikatha mibingli yangkhei kahai kaji hi khalatawui kanna khavai phakapamna. Ithumli makhamaya kala kaphaning ngatei khangarok bingwui vang chikat khami ot saki kajina. Hithada ithumhi manglawui leikashi khalei mina da kateina theikhui paira.

8. Leikashina Malung Vatkhavai Masamana

Leikashina mibingli mashung ngasaka. Malung khavatna mibingli nguingasaka. Malung khavat hina mili ning saza ngasakta tangmang ngasaka. Chiwui vang eina nathumna malung vatzarkha Varewui leikashi alungli malei mana. Chipee Satanna Varewui naongara bingli khalen sangda khalei hi malung khavat kala ningkakachai hina.

Malung vatkhangasak kaji hi thada vaotraida tui khamatui kala khonshi phapha kaji himang maning mana. Nathumwui mikyan ngateida mai hungping eina kachithei hila malung khavat kachitheina. Hithada apong ngatateida kathei samphanglala wuklungwui mamaya khangai chiya akha manga. Kha ithumna ayārwui asak avātli yangda a hi malung vata lei da hangphaphaki kaji maning mana. Kaja ayarwui asak avat china wuklungwui maramli horzak eina bichar masarar mana.

Vareshimli khayorwui ot sakasa athumli theida Jesuna kashamshokser haowa. Passover phanit khamayonli lei kasa bingwui Table kala sa kachung khala khuirada Templeli khayorwui ot sasai. Khangacha eina Jesuva malung nimlak haoda akhon makashok mina, kha hithanga athumwui otsak chi theida Jesu malung vatlak haowa.

Ana khara akha singda yao, simuk kala kachikatwui ot katonga kashamshok haowa. Pheisa exchange sakhavaiwui table chila phalatmi haowa. Hili mibingna Jesuli kathei tharan ahi malung vatlak haira da khui. Kha chi matha mana. Khamashungwui maringkapha chi phongkashok mana. Hina Temple sakhamakhao hi mamashung mana da ithumli phaningkhui khangasakna. Hikatha maring kapha hiya mashun kasa Vareli leikashiwui eina shoka.

Khamashungwui Maringkapha Phongkashok eina Malung khavat Khaniwui Khangatei

Jesuna Sabbath zimiksho thang synagogue apam akhali pang sheikasha mi akhali raikhamiwui maramli Mark chapter 3li kapihai. Sabbath zimiksholi raikhamiwui ot sakha da mibingna Jesuli khayon phenkhavai rayang pamsai. Hili Jesuna athumwui ning chi theida hithada ngahanna, "Sabbath thang kapha ot kasa maningla zakashi ot kasa lah mangla huikakhui maningla shaokat hi ainna mayala?" (Mark 3:4)

Athumwui kaphaning phongkhami eina Jesuli khituikha mahanglui mana. Hili Jesuna malung khavatva mibingwui wuklung khamarar chiwui vangna.

Athumwui ning khamakang chi theilaga wukakhanang eina malung khavat ngasoda ana athumli yanglaga kakaza mipa chili 'napang katinglu' da kasoi, ana kating kashok eina khangacha apang thahaowa (Mark 3:5).

Chiwui atamli kapha ot kasa Jesuli makapha bingna sathat khavai hotna pamma. Chiwui vang eina marakhali Jesuna mamaya khangai chi panglak eina chithei. Hi athumli makaphawui eina mai ngareiung khavai kasana. Hikathawui otsak hi leikashiwui eina kharana. Hithada kasa eina mi kaikhali mathuk ngasaka. Hina malung khavat eina khamashungwui maringkapha phongkashok khaniwui ngatei khangarok chi. Tharmatheng kahai morei makasa mi akhana kakahar hiya mirin samphanga. Kha hikatha mi makhaning bingwui malung khavat hiya makapha athei mathei.

Mibingna malung khavatwui maram kachungkha lei. Rimeithuida kaphaning ngatei khangarok eina rai. Ithumhi shimkhur ngatateida khara ngasa haida kaphaningla ngatei ngarok papama. Kha ithumwui kaphaning saphalungra kaji eina maringpha khangarok shoka.

Pareiva nava machi khada mashaingai mana kha agaharawui vangva china shangaimei chihaosa. Hili apreivana, "Machi chungnada mashailu mapha mana' da hangshapa. Hi agahara phasawui vang hangkhamina. Kha agaharana mamayakha ana chitha phalunglu da mahangrar mara. Khaniniwui mayakhangarok apong chi ani phangarumra. Hithada kasa eina kapha shimkhur shoki kajina.

Kakhaneli tui makhui mana kajiwui vang malung khavat ngaroka. Chancham sada mi akhana rarmeihao kala chuikhamei ot sahaowa da kateina ali thi shurphalungra chihaowa. Khararnaobing kala hakhamei ot kasa bingli khaya kashi hiya phai kha shiphalungra kachiva mamashung mana.

Khangacha eina hakhamei ot kasa bingna athumwui thi shurphalungra kaji hi lei. Hithada kasa eina malung khavat hi shoka. Langmeida mina mamaya khangai eina, salu chilaga makasa eina, kala mina kakhayak khami eina malung khavatla shoka.

Malung mavat ranglaga rilak eina ningli mamaya khangai hi lei. Hikatha ningai hi makacha tuimatui kala otsak eina shokngasaka. Hiwui ningai khalei hieina malung khavat rai. Hithada malung khavat hina manglali hapkhanoi kala Varewui leikashi alungli maleirar mana.

Kashap eina tangda ithumna malung mavatki kajina.1 Corinthians 3:16li hanga, "Naphasa chi Varewui shimna kala Mangla Katharawui ngayin khavai pamna kaji na matheimala?"

Thada ning makhangarum eina malung mavatngarok khavai sara, kaja ithumwui wuklung hi Mangla Katharawui shim ngasahaida Varena ngashan chingda lei.

Malung Khavat hina Varewui Khamashung Khangarong Makhuirarar mana

Elishana awui oja Elijahwui eina mangla samphangda Varewui matakhak kahai ot kachungkha sai. Ana nao shumkahaiva akhali nao vaingasaka; thikahai mi akhali ring-ung ngasaka; pharrei kazat kakaza mili raimi, kala raimi lila maikashi mi. Mamang kapai tarali machi sangda mangkapai tara onmi. Thalala ana Varewui maran akhana makakaza kazatwui eina kathi samphang haowa.

Hi khiwui vang eina khala? Hi ana Bethelli khava eina kashokna. Ahi kuikoka mi akha ngasahaida a zatta lei kaji kasha eina keinungwui eina thuipop yaronnao kachungkha rada ali ramanashi, "Kuikoka, na rarala? Kuikoka na rarala?" (2 Wungnao 2:23)

Hithada athumna manakashi eina Elisha khayaklak haowa. Athumli chi mathalu da hanglala mashami thumana. Chiwui eina Elisha makhangrar thumana.

Bethel apam hi Northern Israelwui meomali khokharum haokaphok apamna. Chiwui yaronnao bing chi meomali khakharuma mi sahaoda ngakaishilaka. Hithada athumna Elishawui shongfa thingda ngalunggui einala horda leilapai. Chili Elishana athumli khonshi haowa. Ngalangda singom khani shokta athum hangmatida khanili makeithatser haowa.

Kachangkhatva hi athumna sakakhuina kha Elisha lila malung khavat lei. Ana chikatha kazatwui eina thihaowa kaji hi maram macha mana da mahangpai mana. Varewui nao akhana malung khavat hi mamashung mana kaji ithumna theira, "Miwui malung khavatna Varewui khamashung khangarong ot savaiki kaji maning mana" (James 1:20).

Malung Mavatlu

Malung mavat khavai ithum khi sara khala? Self-control sada namtarala? Ithumna spring akha namshanda kachiho tharan chi rebound sada ngalongkai. Hi malung khavat eina ngaraichai.

Ithumna malung khavat hi namshanda haikha hunnakhava khon kazar mashoklapai kha naoda ngawokhai shokra. Chiwui vang eina ithumna kashap eina tangda malung mavat khavai saphalungra. Thada namshanda haiki kaji maning mana kha kapha kala leikashili ngachei khavai saki kajina.

Ithumna malung khavat hi thang ngayakhali leikashi maon ngasakrar mana. Kha chi shokhavai hotna chingki kajina. Malung vatngayi laklala kakhang eina Varewui pangli haishap khavai sara. Thomas Jeffersonna third President of the United Statesna hangkahai hithada kapi shoka, "Malung khavat tharan tui mamatui ranglaga thara shida shanlu, malung vatlak haikha shakha shida shanlu." Koreawui tuiliya "kathumshi khangkhami eina mi sakathatali khamshapa" da hanga.

Malung khavat tharan china khi kanna khala kaji phaningki kajina. Hithakha naoda ithum maringpha khavai malei mana. Seiha sada Mangla Katharawui khangachon manga eina khangshap khavai sakha malung khavat chili yuishapra. Ithumna rida malung vatzarlak eina leisa lala mathang mathang nemta haora. Naodava malung vatngayilak lala chingri kahai samphang shapra. Chiwui eina ithum kayakha ringkapha rado!

Chansam 12:16li hanga, "Mangkhamawui malung khavat theipailaka, thangkhamana kazeili matheimi mana," kala Chansam 19:11 lila hanga, "Ning khalei mina malung mavatzar mana, miwui khangui yangkakhum awui khaya kakana."

Malung khavat (anger) kaji hi 'danger' wui 'D' makazang

tuiyarna. Hina kachitheiva malung khavat hi kala shipailaka kajina. Kha khanaowa khayuiyapa chiya khangkatheipa china ngasai. Mibing hi churchwui ot kasa liya khangkathei thalaga shimli, schoolli, kala katei ot kasa liya malung vatzarlaka. Vareva church mangli khalei maning mana.

Ithum kali leili, khi tui matuili kala khi ot sali kaji Ana theiserra. Apam kachivali Vare leiserra kala Mangla Kathara ithumwui wuklungli khaleina. Chiwui vang eina atam kachivali ithum hi Varewui mangali khaleina kaji mamalaipai mana.

Shakza thathar pareigahar ngayat khangarokli gaharapa china apreivali tui mamatuilu da kahara. Tuihi shalaga apreiva chi matakhak haowa. Hithada gaharapa chiwui malung vatkazar china apreiva ringshilak eina okthuiya. Malung vatkazar hina mili ringshi ngasaka, ithum masa phalung mara.

9. Leikashina Makhangayi Kachotli Mazang mana

Iwui ministryli ina miyur kachungkha samphanga. Kachi kathana emotion salak eina Varewui leikashi chi thada phaning kha-ung eina chara tashapa kala kaikhana kaphaning chi matharar mana.

Ithumna morei horhaishapta leilaga eina tangda Varewui leikashi hi kayakha thukhala kaji theishapra. Maningkha ithumna makapha ot masala Varewui tuili nganingda leilaga eina tangda Varewui leikashi thukmeida theishapra. Shitkasang mirin shongzali katung kaka kachungkha samphanglapai, kha chiwui atamli ithumna Varewui leikashi phaning-ung chingki kajina. Hithada ithumna Awui leikashi chi phaning-ungda leilaga eina tangda makaphali mazang mara.

Makhangayi Kachot Kachangli Kazang

Healing Life's Hidden Addictions kaji lairikli Fuller Theological Seminaryli rida School of Psychologywui dean sakasa Dr. Archibald D. Hartna kahang athishurda Americawui yaron ngala matiwui ngachaili akhava drug, sex, alcohol, kala meikhari kashaiwui depression kazat leiserra da hanga.

Hikatha hili addict takahai bingna athumwui ari arai chi chiho khavai kasa eina acham aram kala kasa khava ngatei haowa. Athumna athumwui makapha habit chi malai khavai kasali sex, love kala relationship (SLR) razanglui shita. Hithada Dr. Hartwui athishurda athumma kapen kahohi malei mana; Vareli khangasikwui ringkapha hi maleithuda ningai machinga. Addict kata kaji hi Varena khami ot chili maningla kateili ringpha khavai hotna kazatli kharana. Addict takahai mi akhana atam kachivali makhangayiwui kachot khangda lei kajila thei.

Makhangayi kachot kachang kakhang kaji hi khikhala? Hi Varewui kaphaning makhaning ot katongali kahangna. Makapha chukhamaja apong kathum lei.

Khare chiya mibingli makapha shokhavai chukhamaja hina.
Chancham sada nathumna mi kaikhali ngayat ngarok haowa chihaosa. Chieina athumli ningkachaina haida "Athum hi kazat kaza haosi kaja phara" da nathumna phaninga. Maningkha khongnainao akhali mamaya ngaila khalei atamli ali khikha kachot kachang akha rashok kahai tharan "Phalak haira! Maningkha "Hikatha shokra kaji ina thei" da hangzata. Katamnao akha "Exam fail sahaosi kaja pohara" dala phaningmi.
Nathumli khamashunga leikashi chi leikha chithada maphaninglak mara. Nathumwui chalak kahai mi akhali kazangasak ngaila maningkha accident tangasak ngaila? Nathumwui pareiva kala gaharali atam kachivali phasa phangasak ngaiya kala accident kathali mazangasakngai mana. Ithumwui wuklungli khamashunga leikashi makhaleiwui vang eina mibingli makapha shokngasakngai kala mibingna ringkashi tharan

ringphashappa.

Kala ithumna leikashi chi malei thukha mibingwui makapha kathei tharan mi kateili hangzatngai. Meeting khavali mibingna makapha tui matuizat kasa vasha haowa chisa. Hili nathumla zangaida leikha ningasharlu. Nashava nashavāwui maramli makapha ngayaozat kasa theikha kasainakha pamshapla? Maning mana ngalangda ngasam ngasak ngai.

Nathumna mibingwui makapha maramli khangazek chi nganangai chingda leikha nathumla mibingwui maramli matuingai chingda khaleiwui vangna. Hithada kapihai "Khayon pheokhamena leikashi phai, khalat-ung khalatva sakha ngasotnao pakngasaka" (Chansam 17:9).

Leikashi khalei binga mibinwui makapha fakhami. Kala ithumli manglawui leikashi leikha mibingna kashungmei kahai tharan mayuishi mana. Athumli mi chungmeida rangasak ngaira. Proho Jesuna yangkashe lila leishilu da hanga. Romans 12:14 lila kapihai, "Nathumli rekakhareka bingli makhonshila somilu."

Kakhaneli makaphawui ningpam hiya mibingli bichar sangai.

Chancham sada vareshi akhana mavakhangayi apamli zatsai da khuisa. Hili nathumna khi phaningra khala? Nathumna "Kathada a chili khi sakapam khala?" da makapha apongli phaningra. Maningkha kapha apong eina "Ana kathada chili vahao khala" dala phaningra kala "Maram leida leira" da ning ngachei kahaila shokra.

Nathumna leikashi leikachang khatkha rimeithuida makapha ning maphaning mara. Mi akhawui makapha maram shalala mikna matheikha bichar masa mara. Ava avā ngarana naoshinao bingwui makapha pao kasha tharan athumwui ningli khi rapei khala? Athumwui naongara binga chi matha mara da ngalangda mashitsangrar mana. Athumna pao khuikharapa chi makapha mina da khuingaira. Kha nathumna leikashi leikachang khatkha pao khuikharapa chili mathada samingaira.

Aruihon atamli mibingwui makapha chi kathei tharan athum hiya mapha phalung mana da khuingaroka. Hili athumna kathei mangli matanghaili mili pao ngayaozat ngaiya.

Khi shok kachangkhat haokhala kajiva matheilaga makapha shong eina rida mili hangzat haowa. Internetli reply sakhangarok eina kaikhava ngakhak kathi (suicide) shokta lei. Varewui tui manga eina maningla athumwui theikakhui manga eina bichar sapamma.

James 4:12li kaphai "Ain khame kala bichar sami chi Varemanga. Amangna huimi shapa kala shiman ngasak shapa. Khongnainaoli bichar kasa na khipanana da phaning khala?"

Vare mangna bichar sashappa. Chiwui vang eina khongnai naoli bichar kasa hi mapha mana da Varena hanga. Mi akhana makapha sachao haira chisa. Chithalala khamashunga leikashi khalei mibingwui vanga kapha kala makapha kasa china khamataiya maning mana. Mipa chili khi kapha samisi khala da athumna phaningmi thara. Athumma mipa chili Varena huimi ngasak ngaira.

Langmeida mapung kapha leikashi hina mibingwui makapha

fakham khami mang maningla mili ning ngateishap khavai ngachonmi. Hithada athumli kapha tui chi hangmida ningla ngachei ngasaka. Ithumli mapung kapha leikashi leikachang khatkha mibingwui makapha chi theilala mamaya khangai masa mana. Athumli shitkasang eina ngachonmingai thara. Ithumli bichar kasawui ningpam chi maleikha samkaphang mi kachivali ringpha shapra.

Kakathumali Varewui kaphaningli mamaya khangarok ningpam hina.

Mibingli makhamaya mang maningla makapha ningpam hiya Varewui kaphaning lila mamaya mana. Okathui mibingna chukmajakhui kathei hi phameikap kajina da khuingarokta lei.

Kha kachangkhatva chi maning mana. Chukmajakhui theilala Varewui tui eina ngatei haipai. Varewui tui mangna phameikap kaji standardna.

Proholi khuisang kahai bingna athumma morei kaphunga da hangphata. Mi kaikhana athum hi kapha mirinli ringda lei da langso ngaroka, kha Varewui tui athishurda athum hi morei kaphunga shonna. Varewui tuili makhangasun katonga hi makapha kala moreina, kala Varewui tui mangna kakashung standardna (1 John 3:4).

Makapha (evil) eina moreiwui khangatei khikhala? Hanglaksa chikha khani hili Varewui tuina mamaya mana. Khani hiya kahora Vareli makhamaya tangkhamang china.

Kha kuplak eina khayang tharan khaniwui khangatei lei. Khani hi thingrongli chansam sasa chikha makapha hiya ngalei lungli khalei thingayung kathana kala morei hina thingphang, thingna, kala athei kathana.

Thingayung hi maleikha thingphang, thingna kala chiwui athei maleipai mana. Hithada morei hi makaphawui eina shokngasaka. Miwui wuklungli makapha khalei khangachana. Makapha hiya kapha, leikashi kala Varewui khamashungli mamaya mana. Makapha hi rarkasang eina morei kashokna.

Jesuna hanga, "Kapha mina wuklungli kapha phari kahai chiwui eina kapha shoka, kala makapha mina wuklungli makapha phari kahai chiwui eina makapha shoka. Kaja wuklungli pemting eina khaleichi khamorna matuishoka" (Luke 6:45).

Mi akhana ali mamaya khangai mi akhali makapha sahaowa chisa. Hi wuklungwui makapha eina kharana, kala hi moreina. Morei kaji hi Varewui ningkhami tui eina theingasaka.

Ain mangavala mili tandi masapai mana kaja chili bichar sakhavaiwui standard mazang mana. Chiwui vang eina morei kaji hi Varewui tui eina theingasaka. Morei kaji hi phasawui ot kala phasawui ot kasa chida khani lei (things of the flesh and works of the flesh). Phasawui ot hiya wuklungli khalei ningkakachai, yuikashi, kakharam laga phasawui ot kasa hiya otsak eina chithei kapai ngayat khangarok, malung vatkhangarok kala sathat khangarok hikatha hina.

Okathuili shokta khalei crimebing hila moreiyur ngateiserra. Mi akhana crime kasali yurli sakaza, mibingli sakaza kala individual akhali sakaza lei.

Kha mi akhana awui wuklungli makapha leihaowa chida a morei sahaora kachiva malei mana. Ana Varewui tui kasha manga eina morei makasa leipai. Hi atam changli morei masa thumana chida mipa chi kathara mi ngasa haira da khuilapai.

Himangna kathara mi akha ngasakida mishap mana, kathara mi akha ngasa khavai ahi tharmatheng chaohai phalungra. Mi akhawui khangacha hi awo ayiwui einala rapai. Hikatha khangacha hi theipailak machimana, saklak kahai atamli theira.

Koreawui tuili hithada lei, "Mi kachivana kathumthang zat malei mada khumhaikha khongnai pashiwui seipanla ngalongta shapra." Hi ngaraida darkar kasa hiya ain mangava mana. Ithumli tharchao machirang laga eina tangda kasaka atamli ithumwui makapha chi thada shokrasa chingra.

Teolaklala makapha nganamkashi ot hiya nganamshi chinga. Hithada katonga hi morei maning mana chilala Varewui miktali ithumli makapha leishonna. Chiwui vang eina 1 Thessalonians 5:22li hithada kapihai, "Makapha katonga chi chihochao haolu."

Vare leikashina. Hithada Varewui ningkhamili leikashi zanga. Chiwui vang eina ithumna maleishi kathei hi makaphana. Miwui manglali kala Vareli leikashi kaji hi kachot kachang kaphung maning mana.

Awui kakaso chi hina; ithum Anao Mayara Jersu Christali

shitsang phalungra kala Christana kaso kahai thada akha eina akha leishi ngarok phalungra (1 John 3:23).

Leikashe china khongnainaoli khayon masalak mara. Chiwui vang eina leikashi hina ain hi ungshung ngasaka (Romans 13:10).

Makaphali Makazang

Makaphali mazang khavai makaphali mayang phalung mara kala manganasang phalung mara. Ithumna makpha chi theilala kala shalala maphaning-ung khavai saphalungra. Kateokha phaning kha-ungli china haksangda makapha chili shurhaipai. Hithada ithumna maphaning-ung khavai seiha sakha Mangla Katharan ngachon mira. Khikha makapha thei khaleoda maphaning-ung khavai saki kajina.

Kala ithumna makapha kasali mazanglaki kajina. 2 John 1:10-11li hanga, "Chieina kachi katha mina hikatha mashun pheisin matamchithei akha, chikatha mili shimlila mazangasaklu kala salam tuila mahang alu. Kaja chikatha mili salam tui kahang mi chi awui makapha otsakli khangarumna." Hi Varena ithumli makaphali mazang khavai hangkhamazinna.

Mikumowui morei khangacha hi awo ayiwui eina kharana. Ithumna okathuili ringda leilaga makapha kachungkha samphanga. Hieina ithumli morei khangacha chila zanghaowa. Vareshi kasa hiya Jesu Christali khuisangda makapha horhaosa kajina. Makapha horchao haosa kajili kakhang zangphalungra. Kaja ithumna okathuili kharing hiya makapha chungmeida samphangda khaleina. Makapha horhaosa kaji liya makapha khuikasangna paimei. Chancham sada phahon kacharli kazik kakhangasak hiya pailaka, kha chi ngasata khavai kasa hiya saklaka.

Makapha kateokha mang kasana chilapai kha china kahaka onhaipai. Galatians 5:9li "Khamui khongsaikhali khawok kateokhana kapchung ngasak shapa," da hangkahai thada makapha hiya mibingna kathak eina shahaowa. Chiwui vang eina makapha kateonao manga chilala ithumna ning ngashar phalungra. Makaphali masa khavai ithumna chili ningkachai phalungra. Varena hithada kasohai, "Makaphali ningkakachai bingli Prohona leishi" (Laa 97:10), kala tamchithei hai, "Proholi khangachee hina makapha otli ningkachai" (Chansam 8:13).

Nathumna mi akhali mayachao akha awui ningkachang chili nathumla ningchangra kala maning kachang chili maningchang mara. Varewui naongara bingna morei sakha Mangla Katharana chapngachai. Chiwui vang eina athumwui wuklungli mei kachui thada leira. Hithada Varena makhamayana kaji hi kathak eina theikhuida morei masalui khavai sai. Makapha horchaohai phalungra; makapha akhut kateonao manglala masalakki kajina.

Varewui Tui Tamkachithei eina Seiha Sakhami

Makapha hiya makan khana. Chansam 22:8li hanga, "Makhamashung yaokasang mina kakhanang hatkhuira." Ithum kazat kakaza ranu, accident kashok ranu kala kacham khangai samkaphang ranu saikora hi makaphawui eina kharana.

Khalata machipat alu. Vareli mangasan sapai mana. Kachichana khayao chi kachichana hatra (Galatians 6:7).

Kachot kachang ngalangda maralapai. Kha makapha chi mataisang maman naoda naongara lila kalakashi rashoka. Okathuiwui mina hi mathei mada apong ngatateida makapha ot sazat haowa.

Chancham sada makapha kasa bingli athut khuingayiya chida athumna phaninga. Kha Chansam 20:22li hanga, "Athut khuira da mahang alu, Proholi ngarailu, ana ngachon mira."

Mashun athishurda mirin, kathi kasar, kala kalakashi saikora hi Varewui pangli leiserra. Ithumna Awui tui athishurda kapha sakha chiwui athei hāt papamra. Hi Shongza 20:6li ngashit hai, "Kha ili leishida kahang khanganabing thingthingli katang makhavai leikashe Varena."

Makapha masakhavai makapha chili ningkachai phalungra. Langmeida makapha masa khavai ithumna ot khani sara. Chiya Varewui tui athishurda kharing kala seiha kasa hina. Ithumna ngashun ngaya Varewui tui pada leikha makaphawui ningai marazangrar mara, kha kapha ningai shokra. Chiwui eina khamashunga leikashiwui otsak hi khikhala kaji ithumna theishapra.

Laga ithumna seiha samaman Varewui tui manga chieina ithumna makapha sakahai katonga phaningkhui haora. Ithumna

Mangla Katharawui ngachon khami manga eina seiha kasa tharan wuklungwui makapha chili yuishapra. Ithumna Varewui tui kala seiha kasa manga eina makapha horhaida ringkapha mirinli zangkhavai sasa.

10. Leikashina Mashun Makhaleili Mamathan mana

Society reisang maman ning kathara bingna khamahai samphang kapai lei. Reikasang maleikha ngaleili pheisawui apong ngazan sanga kala corruption chungmeida shoka. Corruption hi yurwui kazat kathana. Corruption kala mashun makhalei hina mi kachivawui mirin saza ngasaka. Kakharam mibingna ningyang kha-ung masamphang mana kaja athuma khalatawui vang mang phaningda ringhaowa.

Mashun makhaleili makhamathan kaji hi makhanghayi kachot kachangli makazang eina ngaraiya. Makhangayi kachot kachangli makazang kaji hi wuklungli makapha makhalei wui eina kharana. Mashun makhaleili makhamathan kaji hiya khayak kapai kala kala shikapai apongli makazangli kahangna.

Nathumwui ngasotnao akhana shānglak haoda yuishi haowa chihaosa. Hili awui kashang khare hina maram sada langso haida nathumna alila mayangai mara. Laga "Ana hiyakha shanglaga iliya kathahao? Ala chamhaosi kaja phara" dala nathumna phaninga. Hi makapha chukhamajana. Kha thangkhava kalashida awui company suita haowa chisa. Hili nathumna ringpha kashap kaji hi mashun makhaleili ringkaphana.

Khangacha eina vareshi makhaningbing nala makhamaya makapha hi leishonna. Chancham sada apong makhamashung eina lan mathuisang ngarokta lei. Ngaleiwui ain eina tangda sakhailaga khalata kanna khavai apong phangarokta lei. Mashunwona bichar kasana chida khayon makhaleibing lila tandi sada lei. Hi mi saikorawui mikyanli makhamashung otna. Awui pangshap shichin nguida bichar kasana.

Ot khayor lila kapik ngarokta lei. Tongkhavai apaong kapha eina makhamatha ot yorngaroka. Hithada athumna mibingwui vang maphaningla khalattawui vang mang phaningthui haowa. Khamashung khikhala kaji thei, kha makhamashung pheisa katanli athumna mathanshap haowa. Hithada mikhanamwui ot kasa mi kachungkha lei. Ithumma kathakhala? Ithumma tharra da hangshapla?

Mi kaikhana hi sada lei. Ngasotnao akhana makhamashung apong eina pheisa tanzata khalei nathumna theihaira chisa. Ali tukhui thanga matik kacha tandi samphangki kajina. Hili nana vakathei tharan mili mahangshok alu da nali pheisa kachungkha mikai. Atamchang hili shimkhurli pheisawui kasakla leisahaira. Na khi sara khala?

Khangatei akhala yangsa. Thangkha nawui bank balance check kasali pheisa kachungkha zangsai chihaosa. Hili nawui mikharan tax chi makhuithu kajina kaji nathumna theihaira. Hili nathumna kathada phaningra khala? Athumwui khayonna chida nathum ringpha shaprala?

2 Thotrinchan 19:7li hanga, "Ithumwui Vareva michang kasa

pheisa kaza kala masho khangacheiya Proho maning mana; ali khangachee eina ning ngasharda salu." Vareva khamashungana. Mibinwui eina ithumna ngathum shaplapai, kha Vare liya minamda masapai mana. Chiwui vang eina ithumna Vareli ngacheelak eina okthuida ning tharki kajina.

Abrahamwui mirin chi phaninglu. Lotla zangda Sodomwui mibingli rai rada ratukhui haira kaji eina Abrahamna athumli vangatangkhui luiya. Hili Sodomwui awungana ningkashi sada Abrahamli ot mi, kha ana makhui thumana.

Kha Abrahamna Sodomwui awungali hanga, "Reimeikapa kje kazingram eina okathui kasa Varewui mingli ina shakhi sahaira, kaja kazairanao akha eina tangda pheihop kharanao, kala awui ot akhala makhui mara; naoda nana 'Abrahamli ina shang khangasakna' chipai shina" (Haokaphok 14:22-23).

Apreiva Sarah kathi tharan ali chifa khavai mina lam mi, kha ana makhui mana. Khikha khon kazar malei khavai lam chi ana pheisa eina lokhui thaya. Hithada ana ning kathara mi akha sathada khalemwui ot akhala maningchang mana. Ana lanli kakahaowa mi akha sasakha tongza kapai apongli thuihaira sara.

Varena leikashi binga ngaleiwui ain makanda khalatawui kanna khavai maphalak mara. Athumma athumwui samphangran chili langda makhui mana. Mashun makhalei bingli Varewui leikashi malei mana kala khongnai lila maleishirar mana.

Varewui Miktali Makhamashung

Okathuiwui makhamashung eina Varewui makhamashung apong khaniwui khangatei lei. Varena makhamaya mashunwui apong hiya ain sakakhai mang maningla Varewui tuili mamaya mada morei sai. Wuklungwui makapha chi otsak eina sashokta morei ngasai; hi Varewui miktali makhamashungna. Morei kachungkhawui ngachaili makhamashungwui apong hiya phasawui ot kasali theivai.

Hanglaksa chikha ningkakachai, yuikashi, kakharam, kala otsak eina sakashok ngayāt khangarok, ngama khangashao, kala mi sakathat hina. Makhamashung ot sakha kahui masamphang mara kaji hi Bibleli kapihai.

1 Corinthians 6:9-10li hanga, "Makapha makhaya bingna Vare wungramli mazang mara da nathum matheimala? Matheinguihai alu, sham kasabing, amali kaphabing, phokaphabing, mayarnao eina mayarnao shanao eina shanao phasa khangasobing, kakharambing, khamaripabing, khamashatabing kala phama kashaobing khipakha Vare wungramli mazangmara."

Achan kaho mipa hi makhamashung ot kasa eina kashimanli vatang kahai mi akhana. Israelnao bingna lamhangli zatta leilaga nganuilakhawui eina Varena matakhak kahai ot kasa chi ana theirai. Athumli thankazat muiya kala meiwui pakra chi ala katheili zanga. Jordan kongli tara makhalong kala Jerichowui phakho kakai chila kathei samphanga. Joshuana pangshap leilak eina Jerichowui ot akhala makhuipai mara da kaso kahai chila thei.

Kha ana Jericho keinungwui ot thongthang bing chi kathei eina ning ngamar haowa. Atam kasangkha lamhangli katheng eina zatra haoda chiwui ot vakatheiva ningchanglak haowa. Mibingwui coat khamatha kala sina vakathei tharan Varewui tui kala Joshuawui kakaso malai haida ngathum sada ot kaikha khuihaowa.

Awui morei hieina Israelnao raili mi kachungkha thisang haowa. Chiwui eina ashiwui shimkhur mi katongali ngasoda ali ngalung eina thamthat haowa. Ngalung bingchi peikada apam chili Valley of Achor hoi.

Mishan chapter 22-24li kapi kahai chila pasa. Balaam hi Vareli chan ngazek kashap mi akhana. Thangkhava Moabwui awunga Balakna Israelnao bingli khonshilu da ali kasoi. Chili Varena Balaamli hanga, "Na athumli mangasovapai mara; miyur chili makhonshipai mara, kaja athum somi kahai yurna" (Mishan 22:12).

Varewui tui shada Moabwui awungana kahang chi masarar mara chihaowa. Kha awungana sina lupa chiphun khara eina awui ning ngachei haowa. Hithada ana Israenao bingli khalen sanglo da awungali pao chiphunrai. Chili khi shok-hao khala? Israelnaobing meomali chikat kahai ot vashaida kachot kachang kachungkha samphang haowa, kala Baalamla khai eina sathat papam haowa. Hi makhamashung apongli kazatwui vangna.

Varewui miktali mashun makhaning kaji hi huikhamili

nganailaka. Ichina ngarana vareshi makhaning thada makhamashung ot sathui haikha ithum khi sara khala? Athumwui vang seiha samira kala Varewui tui athishurda ngachon mira. Ithum kaikha nala athumwui thada okthui ngaiya dala kaphaning lei. Hithada ithumna athumli ngasothui haikha Proholi maleikashina.

Khayon makhalei Jesuna thimida morei kaphunga ithumli Varewui mangali khuira mi (1 Peter 3:18). Ithumna Prohowui leikashi hi theida makhamashung otli mazanglaki kajina. Makhamashung otli makazang athumma Varewui tui athishurda ringshappa. Chiwui eina athumna Prohowui ngasotnao sada khamahai mirinli ringhaowa (John 15:14).

11. Leikashina Khamashungli Mathanna

Jesuwui sakhangatha tharada khaniwui ngachaili John kaho mipa hili kathiwui eina kanmida khanao eina tangda paokapha hashok haowa. Ana naolak eina ringkapha pao akha samkaphang chiya vareshibing Varewui tui athishurda ringkhavai sada lei kaji tui hina.

Ana hanga, "Nana mashun eina okthuiching kaji thada khamashungwui pongli nana kayakha ning tongkhala kaji avanao kaikhana rakahang shalaga ringkapha khi hangra! Inao ngarabing khamashung eina okthuida lei kaji paoli langmeida ringphakhamei maleilui mana" (3 John 1:3-4).

"Ringpha khamei maleilui mana" kaji tui hi ana kayakha ringpha haoda kaji khala yangsa. Ava malung vatzar laka, chiwui vang eina ali nganuida leilaga kazing khangashungwui nao da hokhamina, kala naodava leikashiwui pao kazata akha ngasathui haowa.

Ithumna Vareli leishikha makhamashung ot masa mara; khamashung otmang sara. Khamashung chili ithum ringphara. Khamashung kaji hi Jesuli, paokaphali kala Biblewui 66 lairikli chansamma. Vareli leikashi kala Varena leikashi binga Jesu Christa eina paokaphali mathan shapra. Kazing wungram hakshok maman athumna ringphameira. Khamashung apongli khamathan kaji hi khili kahang khala?

Rimeithuida hi paokaphawui vang khamathanli kahangna

'Paokapha' kaji hi Jesu Christawui manga eina huikhami samphangda kazingram zangra kaji tuina. Mi kachungkha "Mirinwui atazan kali leikhala? Mirinwui khamataiya hi khikhala?" da ngahanlaga khamashung phangarokta lei. Hiwui answer samphang khavai philosophy pai kala dharma kateiwui eina theikakhui khuingarokta lei. Kha khamashung kaji hiya Jesu Christana; Awui manga eina maningla khipakha kazingramli mazangrar mana. Chiwui vang eina Jesuna hanga, "Ina shongfana, khamashunga, kala kharinga, iwui eina maningla Avāvawuili khipakha marapai mana" (John 14:6).

Ithumna Jesu Christali khuikasang eina huikhami kala katang makhavai mirin samphanga. Prohowui ashee manga eina ithumwui morei pheomida Meifawui eina kankhuimi. Hithada ara ithum mirinwui kakhalat theikahaina. Ithuma paokapha hiwui vang mathanda mibing lila hangchiphun shapra. Hi ithumli Varena khami otna. Laga mangla kaikhana paokapha samphangda huikhami samkaphang hi ithumna ringphara. Chiwui vang hithada kapihai, "Ishameina mi saikorali kahui samphang ngasakngai, khamashungwui pong lila theikhui ngasakngai" (1Timothy 2:4).

Vareshi kaikhana mi kachungkha huikakhui bingli yuikashila leida lei. Church kaikhana reikasang thakmei kahai eina church kaikha yuishida lei. Hi khamashung apong eina khamathan maning mana. Ithumwui wuklungli manglawui leikashi leikha

Varewui wungram mayakasang hi theida ringphaki kajina. Church kaikhana reikasang hi theida mathan ngarumki kajina. Hi khamashungli maningkha paokaphawui vang khamathan hoi.

Kakhaneli khamashungwui vang khamathan

Kapha, leikashi kala mashun khalei wui pao shada ringphaki kajina. Khamashung apongli ringkapha binga kapha pao kateokha manglala athumna kasha tharan chara tashappa. Athumna Varewui tuihi khamashungna kala khuira lila shimei da hangphat shappa. Chiwui vang eina athumma sermon nganangailaka kala Biblela pangailak. Langmeida athumma Varewui tui chi otsak eina ringchithei ngai. Athumma Varewui tuili kahang nganangai laka.

Davidna Vareli leishi haoda Awui shim sakamingai. Kha Varena ali masangasak mana. Hiwui maram hi 1 Thotringchan 28:3li kapihai, "Nava rai kathata mina, chieina iwui shim masapai mara chihaowa." Rai kachungkhali miwui ashee takhangasak kaji hi masakapaiwui vang Davidna kasana, kha Varewui miktali chi masangasakngai mana.

Davidna Vareshim masaka mana kha chiwui ngaran ngayei katongava kupsang mida awui nao Solomonna naoda sakai. Davidna awui sakashap katonga ngaransang mida ringpha laka. Hiwui maramli hithada kapihai, "Prohowui vang mingairareo chikat khangarokwui vang mibingna mathanthup eina ringphangaroka; David awungala ningyang unglak haowa" (1 Thotrinchan 29:9).

Khamashung apongli ringkapha binga mibingna phamei

reimei kahai tharan ringpha shappa, mayuishi mana. Athumma mibingna kachot kachang samkaphang tharan maringpha mana. Makhaning kashok tharan athumma chapngachai. Athumwui ning mangachei mana; kapha ot kasa mangli ringphai. Zephaniah 3:17li "Proho Vare nathumwui alungli lei, nganingkhame raikhoka chi ana; ana nawui vang ringphada mathanra, nali leikashi leiluishitra; ringkaphawui laa pangda vaora phanit phanaoli kasa thada" da kapi kahai thada Vare nala athumli ngasoda ringpha ngarumma. Athumna atam kachida maringpharar lala kaphaning kaihaowa kajiva maleilak mana.

Kakathummali Varewui tui chili shitsangda kharingli ringkapha

Haokaphok mirinwui eina thuida khamashung apongli kazat mi tanglaka. Maramma ithumwui wuklungli makapha leida leilaga eina tangda makapha apongli zatngai mei haowa. Kha ithumna wuklungwui makapha hi horhai maman ningla ngachei maman akha khamashung apongli zatshap haora. Hi ithumna sakchangda sakhuira.

Chancham sada mi kachivana church kangaiser machi mana. Shitsang thathar kala shitkasang khangazan binga church serviceli kapam hi chotlakra. Serviceli pamaman footballwui result businesswui maram hikathatha hi chukmaja nganao pamra.

Kha meeting kaka kajiwui kakhalat hiya Varewui tui chili shursa kajina. Chiya khamashungwui apongli zangsa kajina. Hi khiwui vang khala? Hi huikhami samphangda kazingram zangkhavaina. Ithumna Varewui tui shada Ali shitkasang kaji hi thikahaiwui thili bichar, kazingram kala meifa lei kajili shitkasangna. Kazingramli ngatateida saman leiya, chiwui vang ithumna Varewui otram khangathana. Ithumna 100% khamashung apongli mazangrar lala kashap eina tangda chili zatkhavai sada leikha mashunga.

Khamashung vang Rarkachang eina Kathai

Khamashung apongli ningkachang hi khangachana. Khamashung mangna ning ngachei ngasakta katang makhavai mirin mishappa. Ithumna paokapha hi khuisangda ringshapkha Varewui naongara ngasada katang makhavai mirin samphangra. Atam kachivali manglawui leikashi chi ithumwui wuklungli leida mathanshapra. Kaja Varena awui nao ngara bingli leishi.

Chiwui vang eina ithumna khamashung chili rachangda kala thaida okthuiki kajina. Nathumna thai rachanghaikha kasha kaza kala tara ningchanga. Hithada ithumna khamashung chili thai rachangda ringlaga mirin ngacheiki kajina. Khiwui vang khamashung chili rachangsa kala thaisa chihao khala? Hi varewui tuili kahang nganada ringsa kajina.

Ithumwui ngasotnao mangali nganingda maringphasa kaji mararmana. Varewui manga lila hithai. Aruirui ithumna Varewui mangali manganing lala ithumna Ali leishi kachangkhat kha ringkaphawui zakmai leichingki kajina. Ithumna khamashungwui maram kasha kala kathei tharan ringphaki kajina. Hiwui ringkapha hi mi kachivali theingasaki kajina. Kapha maram kateokha mang lala kathei tharan chara tada Vareli masochikat ki kajina.

Nathumna khamashungwui vang chara takahai chi kazingramli nathumwui shim decoration ngasara. Chiwui vang eina ithum khamashungli kahaoda okthuisa.

Manglawui Leikashiwui Asak Avat II

6. Manglawui Leikashina ot Mathada Sai
7. Manglawui Leikashina Khalatawui vang Maphaning mana
8. Manglawui Leikashina Malung Vatkhavai Masamana
9. Manglawui Leikashina Makhangayi Kachotli Mazang mana
10. Manglawui Mashun Makhaleili Mamathan mana
11. Manglawui Leikashina Khamashungli Mathanna

12. Leikashina ot Katonga Khangmi

Ithumna Jesu Christali khuisangda Varewui tui athishurda kharing tharan ot kachungkha phungki kajina. Malung khavat atam lila khangmira. Ithum khalattawui ningkachangli mazat khavai self-control leira. Chiwui vang eina leikashiwui asak avatli kakhang leiphalungra da kapi kahaina.

Kakhang kaji hi wuklungwui makapha mashok khavai kakhaman. Ot katonga khangkhami kaji hi kakhalat leilaka. Kakhang eina ithumwui wuklungli khamashung chi leihaikha kachot kachang kachungkha ralala phungshapra. Manglawui leikashi eina makhara apong bing chi khangki kajina.

Jesuna okathuili morei kaphunga bingli huimi khavai khara tharan mibingna Ali kathada sami khala? Ana kapha otmang rasai kha mibingna Ali manashimi. Ali krush tungli shaothata. Saikora hi Jesuna khangmida athumwui vang seihala samithaya. Ana athumwui vang hithada seiha sami: "Ava, athumli pheomilu, athumna khi kasa khala da matheimana" (Luke 23:34).

Jesuna mibingli khangkhamiwui athei khi samphang khala? Ara Jesuli huikhame sada kakhui bingna huikhami samphangda Varewui naongara ngasada lei. Ithumli kathiwui eina kanmida katang makhavai mirin mida lei.

Koreawui tuili hithada hanga, "Ngahā chi kapim ngasa khavai kharaklu." Hiwui kakhalatva kasaka atamli kakhang kajina. Ngaha akha kapim ngasa khavai kakharākli atam karangkha zangra khala? Hi "Kathada ngaha chi kapim onkhavai sahao khala? Masa kapaina" da hangpai.

Kha Varena mangla sada hikathawui ot hi sachithei kahaina. Thada leikashi manga eina Varena ithumwui vang khangmi. Ana mibingwui khamara wuklung chila kharākmi. Kachihan makhalei bingli eina tangda Ana ngaraimida Awui nao ngasa ngasakta lei.

Teknanai kahai titla ana masatek mara, miknanai kahai meiwonla masashimit mara, mashun china mayuirang lakha eina tangda (Matthew 12:20).

Arui atam lila ithumwui khayon khamang kachungkha Varena khangmida ringkapha eina ngaraida lei. Zingkum thingthing mikumona makapha ot sahailala wuklung ning ngachei khavai hotnamida lei. Mibingna meomali khorumthui hailala Ana khamashunga Varenada chithei chingda lei. Varena "Nathumli makhamashung pemda leihaida makhuimilui mara" da sahaikha mi kayakha kahui samphangra khala?

Jeremiah 31:3li "Achalakha Israelli Prohona hanghaisai; iwui mibingli ina leishilaka, ningtongda leishi chinga" da hangkahai thada Varena ithumli leikashi eina thanmi chingda lei.

Ina kahaka church akhawui pastor kasa eina Varewui khangkhami maramli theikakhui lei. Mi kachungkhana makapha apongli zathui hailala athumwui ningli maringkapha leida khalei chi theida ina athumli shitkasang mikyan eina yang chinga. Kaja thangkha mathangkha athumwui ning ngacheira sara da ina khuiya. Hithada ina khangda ngarai khara eina mi kachungkha Vareli mai ngarei khara samphanga.

Hunnakha manga chida ina kachot kachang phungmi. 2 Peter 3:8li kapihai, "Leikashebing! Tuihi khamalai masalak alu, kaja Prohowui miktali thangkha eina zingkum thingkha khangatei maleimana. Awui vanga khanini chi ngaraichai." Hi khili kahang khala kaji ina thei. Varena atam kasangkha khangrami kha atam chi mikhayipkha kathana da khuimiya kajina. Ithumna Varewui leikashi maramli yangsa.

13. Leikashina Ot Katonga Shitsang ngasaka

Nathumwui leikashi mili shitkasangla leira. Awui khangazan theilala ali shitsang shapra. Pareigahar hi leikashina khalap haida khaleina. Hithada shakza thathar pareigahar china maleishi ngarok akha atam kachida ngama ngashao chingra. Aniwui ngachaili pakhangapa leida china ning kala phasawui kazat ngasapia. Anina leishi ngarok akha shitsangda kachihanla chihan ngarokra. Hithada shitsang khangarok eina ot kasasali khamahaila samphangra.

Shitsang khangarok hina leikashiwui pangshapna. Chiwui vang eina Vareli shitkasang kaji hi Ali leikashili kahanga. Shitkasangwui avā Abrahamli Varewui ngasotnaona da khuimi. Awui nao Isaacli phaphaya haolu da Varena kakaso tharan ana ningkhamaong maleila kahang nganai. Hi ana Vareli shitkasang vang sakashapna. Varena Abrahamwui shitkasang theida awui leikashila khuimi.

Leikashi hi shitkasangna. Vareli leikashi binga shitkasangla shitsangra. Athumna Varewui tui 100% shitsang shapra. Hithada athumna ot katongali shitsangda phungmi shappa. Hanglaksa chikha Vareli leikashi vang ithumna Ali shitkasang maning mana.

Varena ithumli rida leikashina, chi kathei eina ithum nala Ali leishi kashapna. Varena ithumli kathada leishi khala? Ana kashivam maleilakla Anao Mayara ithumli mida huikhamiwui shongfa shomiya.

Hi kathei eina ithumna Vareli leishi shappa kala hili langda ithumna manglawui leikashi kathei tharan chuikhamei leikashiwui level chili kazangra. Manglawui leikashi samphang khavai ithumna wuklungwui makapha horchao haiphalungra. Ithumwui wuklungli makapha maleikha ningtongda shitsang kashap shitkasang chila samphangra. Chiwui eina ithumna Vareli shitkasang hi mangachei luilak mara. Kala ithumli manglawui leikashi hi leikha mi kachiva lila leishi shapra. Mi kaikhana maphalak lala ithuna shitkasangwui mikyan eina yangshapra.

Mi kachiva lila shitsang kashapwui pangshap chila samphangra. Ithum khalata lila shitsangra. Ithumli khangazan kayakha leilala Vareli shitkasang eina ning khangacheila samphangra. Mangla Katharana ithumwui wuklungli ngachonmi khavai wuklungli matuida khalei chila shashapra. Chi shada nathumna wuklung ngachei khavai kasa tharan shitkasangwui athishurda Varena shokngasakra. Shitkasang hi kayakha kaphado!

Ithum lila Varena shitsanga. Ithum saikora Ali zangda huikhami samphangra kaji hi Anala shitsanga. Hiwui vang Awui

Nao Mayara eina tangda kashivam maleilakla rapha khamina. Vareli makathei athum bingla thangkha mathangkha Ali shitsangra sara kaji hi Ana shitsanga. Jesu Christali khuisang kahai bingna Varewui nao ngasashap haora kaji hi Ana shitsanga. Hikatha leikashi hieina mi kachivali shitsangshap khavai ithum sasa.

14. Leikashina Kachihan Katonga Leishappa

"I nganuilaga okathui ngachei khavai sai, kha marar thumana. Yaron kapha kahai einava ishi shimkhur ngachei khavai sai, chila marar thumana. I thi-uki kaji atamli saikora chi ngacheishap khavai I ngachei hairasasi kaja phara da theikhuiya kaji tuihi UK Westminster Abbeyli khalei chikhur akhali kapi haisai da hanga.

Mi akhali maning kachang maram leihaikha ali ngachei khavai ithumna hotnai. Kha mi kateili ngachei khami kaji hi masakapaina. Shakza thathar pareigaharna 'tooth paste chi khanukvak maningkha mangavak eina shimetphokki kachide' da nganang ngarokta lei. Mi kateili ngachei khavai masala rilak eina ithum ngachei haifaki kajina. Chiwui eina leikashi alungli athumli ngachei khavai hotnaki kajina.

Ot katongali kachihan kachi hi ithumwui shitkasang chi ungshung khavai ngarai kapamli kahangna. Ithumna Vareli leishikha Awui tui saikorali shitsangda Awui kaphaning samira kaji hi ngaraipamma. Kazingramli Varewui leikashi alungli vapanra kaji hi nathumna chihanda lei. Chiwui vang eina nathumna shitkasangwui khangasāmli kazatna. Kachihan maleisa kha kathara khala?

Vareli mashit kasang binga kazingramwui kachihan hi malei mana. Athumma naodawui maramli kachihan maleimana, chiwui vang khalatawui ningkachang otli kharom kazatna. Athumwui kakharam chi chipem khavai ot katonga kazipsang khavai hotna pamma. Kha athumna kayakha ringphalala shap-haira kaji mangava mana. Hithada naodawui maramli phaninglaga athumna ngacheelak eina okthuiya.

Vareli shitkasanga binga ot katongali kachihan leishapta khamasha shongfali zata. Khiwui vang khamasha shongfa chihao khala? Hiwui kakhalatva Vareli makathei bingwui vang kahang mana. Ithumna Jesu Christali khuisangda Varewui naongara ngasakahai einava Sunday meeting kangaiching haowa. Ithumna Varewui wungram haksang reisang khavai seiha sapamma. Hikatha hi shitkasang maleikha masarar mana, chiwui vang eina hili khamasha shongfa kahona.

1 Corinthians 15:19li pao kazata Paulna hanga, "Ithumna Christali kachihan hi okathui hieina tangmara chisi kaja okathui hili ithumli langmeida chamkhamei maleilui mara." Phasawui apong liya kakhangwui ot hi chotlakka. Kha ithumna kachihan leikha saikora ringkapha eina sashappa. Ithumna ningkachang bingli ngasopam akha shimcholi kapanla ringpha shappa. Hili langmei kharda ithumna Proholi ngasoda kazingramli vapanki kajina kaji hi kayakha ringkapha! Thada ningli kaphaning eina tangda ringpha shappa. Hithada ot katonga ungshungrada ning mangacheila ithumna kachihanna.

Shitkasang eina ot katonga yangkashap hi pangshap leilakka.

Chancham sada nathumwui nao akha lairik matam thumana chihaosa. Kha ali eina tangda nathumna shitsangda chihankha khikha akha samphangra. Ava avā bingna naongara bingli shitkasang hi ngaongara bingwui pangshapna. Hithada self confidence leikahai naobing hi shitkasang leida maram kasak kachungkha yuikhui shappa, kala hikatha hina athumwui katam kasha lila ngachonna.

Ithumna churchli mangla yangkasang chila hithai. Maram kachivali ithumna ngalangda conclusion mamipai mana. Mibing hi ngacheikhui shinai da nathumna wuk-makhangki kajina. Mi kachivali Varewui leikashi manga eina ngachei ngasak shappa da kachihan leilaga athumli khuiki kajina. Mibingli "nathum sakashappa mina" da katomlaga shitsangki kajina.

15. Leikashina ot Katongali Jami

1 Corinthiansli hanga, "Leikashina ot saikora phungmi; saikora shitsanga, saikora chihana, saikora jami." Nathumna leishikha ot katongali jami shappa. Thakha jakhami kaji hi khikhala? Ithumna leikashiwui apong makhaningli jakhami tharan kankhana samphanga. Yireili masi phanzakha tara ngaphaowa. Masi kapha ngasam hailala tarava ngathafara. Hithada 'ithumna khangmi haira, khikha maleilui mana' machipai mana. Khikha safaki kaji lei.

Jesuna Matthew 5:39li hanga, "Kha ina nathumli kahangna, 'Nali khalang ot sakahai chili athut makhui alu, kha namaisor yashong kaphekha lakhavakla ngareimilu." Hangkahai hithada nathumli mina rakakaphe tharan mangama thuihaila jamiya. Hina kupkahaila? Maningmana. Wuklungwui khangashei chiya leiching haora. Wuklungli khangashei khaleiwui maramli mibingna ngatateida theikhui. Kaikha nava maram maleila rakakaphena da malung vata ning ngashei pamma. Kaikha nava hikatha makapha otsak hi kathada sahao khala da phaning miya. Kachikatha nava malung khavat makham kharar chi theida khanang miya.

Jakhami kaji hi makapha otshotwui eina kharana. Chancham sada mi akhana nathumwui maili rakkaaphe tharan Varewui tui athishurda mai lakhavakla ngareimida chilila kaphemi haira. Nathumna Varewui tui athishurda thada khangkhami kha phasashongli yangkha chotlakka.

Daniel lila hithada shoka. Ali kazingkhawui shimli horsang haora kaji hi mangang mana. Kaja ana Vareli poktita seiha kasa mangasam mana. kala ali makapha kasa bingli makapha sakhavai masamana. Hithada ana Varewui tui athishurda jakhami eina kapha leihaola? Maningmana. Ali kazingkhawui shimli horsang papam haowa.

Ithumna jamihaikha kachot kachang thuiser haora da phaningpai. Chila maningmana. Khiwui vang chang khayang leiching haodo? Hi Varena ithumli mapung phangasak haida kajina. Kazing kharo, masi kaphan kala zinghām samkaphang eina athei shirai kachungkha mathei. Chang khayang khara hila hithai. Varewui sokhami samphang khavai kharana.

Chang Khayang hi Sokhamina

Varewui naongara bingna kahorwui mirin samphang khavai kasa eina Satanna hapkhanoi. Mibingna kapha sakhavai kasa tharan Satanna makapha sakhavai hotnai. Mina nathumli makapha kasa tharan nathum nava jami, kha wuklungli khangasheiva leiya. Hiwui athishurda Satanna makapha sashok nathumli rimzata. Hili Varena mayami haowa. Ithumwui wuklungli makapha malei mana chilala 'refining trial' hi leiluiya. Hiwui kakhalatva wuklungwui makapha horser haira chilala chang khayangva leipapamma. Hikatha chang khayang kharahi sokhami samphang khavai apongna. Hikatha hi yuikhui haira kaji eina ithumli makapha maleilui mara kaji maning mana, kha mapung phakhamei mirin samphang khavaina.

Hikatha chang khayang yuikhui maman haira kaji eina sokhami mang maningla Varewui wungramli nathumli haksangra. Hakhamei ot sakhavai nathumna mashun ngakra. Hiwui eina ithumna shitkasang kala leikashi alungli okthuishap haora. Chiliya Satanna ithumli mahap khanorar luimara.

Hithada marakhali Varena chang yangasaka. Ithumna hili leikashi eina jamishapkha Varena khayuiyawui saman mi. Matailak eina Prohowui vang nathumli rekakharek chili nganingkhui shapkha hakhamaha sokhami samphangra. Hithada kapihai "Iwui vang eina mina minamda khamashat, rekakharek kala phenphaphada morei chiphun kahaibing nathum sokhami ngasaranu. Mathanlu kala ringphalu, khikhala jila nathumna kazingramli samphangki kaji saman chi haklaka, kaja hikathawui vang eina nathumli rida leikasa maranbing lila rekhareksai" (Matthew 5:11-12).

Ot Katongali Khangkhami, Shitkasang, Kachihan kala Jakhami

Nathumna leikashi eina ot katongali shitsangda chihankha chang khayang ayur kachungkha yuikhui shapra. Thakha ithumna kathada shitsangra, chihanra, kala jamira khala?

Rimeithuida chang khayang atamli ithumna khanao eina tangda Vareli shitsangra

1 Peter 1:7li hanga, "Hiwui khangaran hiya nathumwui shitkasang akachanga chi phongshok khavaina. Shiman kapai sina meili ruikhayang thada sakmeikhara kaje nathumwui shitkasangla chang yangphalungra, chi nathumwui shitkasang ngatarmei khavaina. Chiwui thili Jesu Christali rachithei thanghon nathumna masot, tekhamatei kala maikhaya samphangra." Hi Varena ithumli mapung phamei khavai refine kasana.

Ithumna okathuili mahamsangla Varewui tuili nganingtita leikha kachot kachangva samphang phalungra. Hiwui atamli ithum Varewui leikashi mataimeida samphang khavaina kaji hi mamalaipai mana. Hithada ithumli ringshilak lala Vareli ningshishapta naoda kazingram kazang samphangra. Chang khayang kharali kachot kachang khanglapai kha ithumna Varewui leikashi chili khanao eina tangda shitsangtitki kajina.

Ithumna atam kasangkha kachot kachang phungkahai tharan "Khiwui vang Varena hitha ngasak-hao khala? Ili maleishithu kachila? da phaninglapai. Atam hitharan ithumna Varewui leikashi chili sakmeida phaning-unglaga chang khayang chi yuikhui khavai saki kajina. Varena ithumli leishi haoda phakhamei apong khuirami khavaina kaji hi ithumna shitsang phalungra. Hithada ithumna khanao eina tangda nganingshap haikha Varewui mapung kapha nao ngasara. Hithada kapihai, "Khangatar chi pangasaklu, chithakha nathum kashungchao haida kala peichao haida khikha khavat malei mara" (James 1:4).

Kakhaneli jamishap khavai chang khayang hi kachihan ungshung khavaina kaji hi shitsang phalungra.

Romans 5:3-4li hanga, "Chili langda ithumna kachot kachang lila ringphai, khikhala jila ithumna thei kaja kachot kachang eina khangkathei shoka. Khangkathei eina Varewui kapen eina kachihan shoka." Hili hangda khalei kachot kachang hi kachihan ungshung khavai apongna. Katharan I ngacheishapra khala da nathumna phaninglapai. Kha nathumna laklui lakluida hotnalaga katateo yuikhui maman kaji eina naoda Varewui mapung kapha nao ngasara.

Chiwui vang eina chang khayang khara tharan yuikhui khavai saki kajina. Paimeithui kaji apong kapha hi mikumowui khangachana. Kha ithumna chang khayang khara chili mangasung akha sakhamei apong rara. Chancham sada mi akhana nathumli hapkhano chinga chihaosa. Hithada ali samphang kachida ayarli maninglala ningli mamaya khangai leichinga. Ali masamphang khavaila sai. Hi mathaki kajina, kha ali samphangda mamaya khangaichi yuikhui khavai saki kajina. Ali kapheola pheomida phap kata eina jamiki kajina. Chiwui eina Varena lumashanmida khangachei samphangra. Hithada chang khayang saikora hi ithumwui kachihan ungshung khavai apongna.

Kakathummali ot katonga jami khavai kapha saki kajina.

Ithumna Varewui tui athishurda khikha khangmi hailaga Vareli complain salui kaji ngavai. "Ithumna chiyakha khangmi hailaga khangachei khikha malei mana khiwui vang khala?" da phaninga. Chang khayang kaji hi Satanwui eina kharana. Hi kapha shokhavai Varena maya khamina.

Hikatha raili yuikhui khavai sasa chikha manglawui apong eina ngararki kajina. Manglawui apong hina naolak eina khayui samphangra. Romans 12:21li hanga, "Makapha china nathumli mayui ngasaklu; kha makaphali kapha eina yuikhuilu." Hikatha rai khangararli maishi kahai thalala khayui leisa shonna. Kaja ithumli Varena singa kala ngachonmiya. Chiwui vang eina ithumna chang khayangli kapha apong eina ngararshon ngararthai phalungra.

Kachi katha vareshili vareshi makhanging bingna rekharekta. Khangmi maman pangmeida rekakharekla samphanga. Hikatha atamli kathada sarakhala? Nathumna Proholi sheba samanalaga seiha saki kajina. Kala rekharekta khalei athum bingli kahor horchitheiki kajina.

Nathumna athumli kaphamang eina ot sada leikha Varena Awui atam athishurda ot sara sara. Ana Satanli kharom haora laga miwui ning khangachei rahaora. Hithada nathumna Varewui tui athishurda kapha eina ot sada leikha problem katonga solve sara. Manglawui rai khangararli pangmeithui kaji khutlai hi mikumowui thangkhamei maningmana kha Varewui kapha (goodness) hina. Chiwui vang eina ithum kapha eina jami shonsa.

Nathumna majami kharar mi Leila? Kaikhana mi kateili hapkakhano mida ning sazangasakta lei. Kaikhana kateowa maramwui vang complain sada lei. Nathumli manglawui leikashi leikachang khatkha majamirar mamana kaji malei mara. Jesuna khongnai bingli leishilu da kahangwui vang nathumna jami shapra (Matthew 22:39).

Hithada Varenala ithumli jakhamina. Awui leikashi masamphangrang eina tangda nathumla refine masarang kaji aman kasaka ngalung thada sara. Ngalung chi aman kasaka ot onthui khavai mei einala maningkha sakhai kachamlaga refine sakakhuina. Hithada ithumna manglawui leikashi samphang haikha naoda pearl gate makanda Varewui wungpamkhong New Jerusalemli kazang samphangra.

Nathumna okathuiwui ot kachungkha yuikhui haida pearl gate vamakanra kaji chi phaning yanglu. Ithumna Vareli hangra, "Avā Vare ithumli ot katongali jamida kachihan leikhangasakwui vang ningshi kachangkhat haira, Nana ithumli aman kasaka sina thada semi haira."

Manglawui Leikashiwui Asak Avat III

12. Manglawui Leikashina ot Katonga Khangmi

13. Manglawui Leikashina ot Katonga Shitsang ngasal

14. Manglawui Leikashina Kachihan Katonga Leishap

15. Manglawui Leikashina ot Katongali Jami

Mapung kapha Leikashi

"Leikashi hi katang makhavaina. Khamaranla shiman haora; tuiyur khamatuila ngasam haora; thei thangkhameila shiman haora. Kaja ithumli mikahai lemmet, thei thangkhameila, khamaranla ngakai ngaka serra; kha kakashunga chi khara chitharan makakashung chi shiman haora. Ina nganuilakha naoshinao thada matui, naoshinaowui ningphaning eina phaninga, naoshinao thada machuka; ina rarkahai eina naoshinaowui acham chi horhaowa. Khikhala jila arui ithumna kalara ngayotli mamaza eina thei, kha chiwui thili mai eina mai theira. Arui eina ngakai ngakada katheimaya; kha chiwui thili ana ili theishingkhui kahai thada inala ali theishing khuira. Chieina shitkasang, kachihan, kala leikashi; kathumhi lechinga; kala chiwui ngachaili leikashina mataimei kapa."

1 Corinthians 13:8-13

Nathuman kazingram khavali ot akha khuiphunglo chikha khi ot khuiphungra khala? Sina? Diamond? Pheisa? Hikatha hi kazingram liya aremmana. Kazingramwui shongfa eina tangda sina kahamna. Nathumwui vang kazingramli Varena ngaranmi kahai ot chi aman saklaka. Varewna ithumwui ningkachang chi theida ngaranmiser kahaina. Kha ithumna okathuiwui eina khuiphungki kaji ot kaha lei. Chiya leikashina. Ithumna okathuili leida leilaga ngaransang kahai leikashi hiya kazingram lila aman saklaka.

Kazingram lila Leikashi Darkar Kasa

Ithumna kazingram vahaikha okathuiwui ot katonga aremma ngasa haora (Phongkhame 21:1). Laa 103:15li hanga, "Miwui mirinna khawo kathan, luiwui awon khawon kathana." Lan, aming kazat, kala pangshap saikora hi shimanser haora. Moreiwui ot yangkharing khangarok, ngayat khangarok, kakharam, kala yuikashi hikatha hi aremma ngasaser haora.

Kha 1 Corinthians 13:8-10li hanga, "Leikashi hi katang makhavaina. Khamaranla shiman haora; tuiyur khamatuila ngasam haora; thei thangkhameila shiman haora. Kaja ithumli mikahai lemmet, thei thangkhameila, khamaranla ngakai ngaka serra; kha kakashunga chi khara chitharan makakashung chi shiman haora."

Maran tui khamatui, tuiyur khamatui, kala thangkhamei hibing hi manglawui otna, kha khiwui vang kazingramli aremma ngasara khala? Kazingram hi manglawui apamna. Chiliya ot katonga tharlak eina theiser haora. Kazingramli Vareli chan ngazekshappa chilala khamaran tui hieina ngateira. Chiliya Vare eina Proholi mai eina mai chan ngazek haoda khamaran kaji hi maleilui mara.

Tuiyur khamatuila chipapama. Tuiyur khamatui kaji hi tui kachungkhali theivai. Okathui hili tui kachungkha leingarok haoda tui makhangarum mi akhali chan ngazeksa chikha awui tui tamfara. Laga tamsa chilala culture ngatei khangarokna maram sada atam kasangkha zangra. Tui khangarum ithum khalata eina tangda wuklung kala ningva mathei ngarok mana. Tui shangaroka chilala 100% maphongshokrar mana. Tui eina maram katonga maphong shokrar mada phap tangui kahaila leida lei. Kala tui khamatuili khayonla kachungkha zangarokta lei.

Kha kazingram liya hiwui maramli wuk-khanang khavai malei mana. kazingram liya tui akha manga. Chiwui vang eina phap matangarok khavai apong maleimana. Kala chiliya kapha apong mang eina sangarok haida pangapa khavai malei mana.
Thangkhameila hithai. Thangkhamei kaji hi Varewui tuili kahangna. Ithumna okathuili leilaga Varewui tui tamma. Biblewui lairik 66 hi pada ithumna kathada huikhami samphanglaga

kazingram zangra khala kaji thei. Kala Varewui kaphaningla khikhala kaji ithumna ngathing ngarokta lei, kha saikora hi ngakai khangakakwui tuimana, ithumna kazingram vashungthang hikatha tuila maleilui mara.

Chancham sada "akha eina akha leishingaroklu kala mikpai mashi nagarok alu" kaji hikatha tuihi shada otsak eina sashap khavai sai. Kha kazingram liya leikashi mang eina okthui haida khangateiva aremmana. Okathuili manglawui otna kajibing kazingram liya aremma onser haora. Kaja hitkatha hiya okathuili hunnakha okthuida leilaga shichihn khavaina.

Varewui tui kala kazingramwui maram kathei hi phalaka kha leikashi hina khamataiyana. Ithumna wuklungwui ahui rimda leikashi eina ot kayakha sashapkhala kajiwui athishurda phakhamei kazingram apam chili zangra.

Leikashi hi Katang Mavaila Aman Saka

Nathumli leishi khare chi phaninglu. Kayakha ringkapha khala? Ithumna mi akhali leishiya chikha awuili kapha mang theiya. Zingham kayakha horkhala kajiwui athishurda masila tharpai. Leikashi ningai khaleibing hi kuingatokli mili bichar kasawui maram nemlakka da labwui report lei. Hithada nathumwui wuklungli Varewui leikashi chi leikha zat mazalala ringpha shapra. Kazingram liya hikatha leikashina pemma.

Kazingramwui mirinli chansam sakha kathuiwui mirin hiya naoshinaowui mirin kathana. Angangnao akhana "mummy" kala "daddy' kaji tui hila saklak eina hanga. Tui kachungkha mamatuithei mana. Kala angangnao bingna khararnao bingwui tui phap matarar mana. Athumna athumwui pangshap eina khamatuina. Athumma lairikwui pheisawui amanla mathei mada coin pali ningchangmei.

Ithumna kazingramwui maramli kathei chila hieina ngaraichai. Kazingram hi ringkapha apamna kaji ithumna thei kha kathada phongshok chaora khala kaji matheimana. Kazingramwui khamatha chiya katang mavai mana. Hi ithumna kazingramli vakapan tharan theinaora. Hiwui maramli 1 Corinthians 13:11li kapihai, "Ina nganuilakha naoshinao thada matui, naoshinaowui ningphaning eina phaninga, naoshinao thada machuka; ina rarkahai eina naoshinaowui acham chi horhaowa."

Kazingram liya tangkhamang kala wukakhanang maleimana. Kapha eina leikashi mang khaleina. Chiwui vang eina ithumna kashap eina tangda mili otram ngatha shappa. Hithada phasa eina manglawui apong ngateichao ngateiya. Hitha phalungra kaja shitkasangwui athishurda ithumwui theikakhuila ngatei ngarokta lei.

1 John chapter 2li naoshinao, mayar ngala, kala khararnao bingwui shitkasang ngatei khangarokwui maramli kapihai.

Naoshinao bingwui shitkasang levelli khalei binga mangla lila naoshinao thai. Athumma manglawui kathuka maram matheirar mana. Athumli Varewui tui ringchithei kida pangshap kateokha manga. Kha naoda athumla rarkahai eina athumwui tuimatui kala otsak ngatei haowa. Varewui tui ringchithei khavai pangshap kachungkha samphangda tangkhamang lila yuishap haowa. Kha ithumna rarkahaiwui shitkasang chi leihaira chilala kazingramwui mirinli chansam kasa tharan ithum naoshinao kathana.

Ithumna Mapung Kapha Leikashi Theira

Naoshinao kaji hi mirinwui haokaphokna. Chithada okathuiwui mirin hi katang makhavai mirinli zangkhavai haokaphokna. Kha okathui hi ngalangda shiman haoki kaji akalā katha maning mana. Akalā kaji hiya kachangkhat maning mana. Hiya kachangkhat otwui zakyui kachithei maya.

Awunga Davidna Vareli masot mida hanga, "Nawui pangli ithum kharam kazat kathana, ithumla, ishawo ngarala, okathui hiya amaha kathana, lungshing khipakha malei mana" (1 Thotrinchan 29:15).

Ithumna akalā kathei tharan kachangkhat otwui zakyui chi hithalama kaji thei. Chithada okathuiwui mirin hi katang makhavai mirinwui akalana. Okathui mirin hi kankathui tharan mirin kachang khat chi theira. Ara manglawui apongli ithumna kalāra ngayotli kathei thada mamaza eina mathei maya. Kha ithumna kazingram vashungthang mai eina mai kathei tha haora.

1 Corinthians 13:12li kapihai, "Khikhala jila arui ithumna kalara ngayotli mamaza eina thei, kha chiwui thili mai eina mai theira. Arui eina ngakai ngakada katheimaya; kha chiwui thili ana ili theishingkhui kahai thada inala ali theishing khuira." Hi zingkum 2000wui mamangli paokazata Paulna leikashiwui maramli kapi kahaina. Chiwui atamli shichin kasa kalara ngayot chi aruihon ithumwui thada masheng mana. Glass eina kasala maning mana. Silver, bronze or steel hikatha hi samatha khuida shichinsai. Chiwui vang eina mamaza kahai tui hi shikachinna. Mi kaikhana manglawui mik eina kazingram tharzari eina theishappa. Aruila ithumna mamaza kahai thada kazingramwui maram chi theida lei.

Naoda ithumna chili kazang tharan saikora tharzari eina theishapra. Ara ithumwui tui eina maphong kharar Varewui hakhamaha kala tekhamatei maramli ithumna yangsa.

Leikashina Shitkasang kala Kachihanli Matai khamei

Vareshi mirinli shitkasang eina kachihan hi khamataiyana. Ithumna shitkasang khalei manga mang eina kazingramli zangshapra. Shitkasang eina Varewui naola ngasara. Hithada shitkasang hi aman saklaka. Hithada shitkasang kaji hiya lan kathana, hiwui manga eina ithumwui seihala ngahankami.

Kachihanva katha? Chila aman saklaka; mathakhamei kazingram apam chi kachihan manga eina samphangra. Hithada ithumna shitkasang leikha kachihanla lei. Ithumna Vareli shitsangda kazingram eina meifala shitsangda leikha kazingramwui kachihan chila leirshapra. Hithada ithumwui shitkasang manga eina tharmathengmi khavai Varewui ot sai. Hithada kazingram mavaranglaga ithumna shitkasang kala kachihan leiphalungra. Kha 1 Corinthians 13:12li leikashina mataimei da hangda khalei hi khiwui vang khala?

Remeithuida shitkasang eina kachihan hiya okathuili leilaga darkar kasana, kha leikashi hiya kazingram lila leira.
Kazingram liya kachihan kaji hi malei mana, kaja chiliya ot saikora ithumwui miktali leiser haora. Nathumwui leikashi mi akhali atam kasangkha masamphangrar thumana chihaosa. Kha atam kasangkhawui thili vasamkaphang tharan ning mayunglakra. Mipa chi maningla ithumna samphang khangai mi katei maleiluira khala?

Vareshiwui mirin chila hina. Ithumna Vareli shitsangda leikashi leikha kachihanla leira. Okthui maman Proho Jesuli samphangailak haora. Chiwui vang eina kasui kachungkha ralala vareshi bingna shitkasang eina kachihanwui pangshapna nganingkhui shappa. Kha kazingram liya shitkasang eina kachihan maleilui mara. Kha leikashiva leichingra, chiwui vang eina leikashina mataimei da Bibleli kapi kahaina.

Kakhaneli shitkasang manga eina kazingram zangra, kha leikashi mazangkha New Jerusalemli mazangrar mara.

Ithumna shitkasang eina kachihan alungli ot kasa tharan kazingram zangshapra. Ithumna Varewui tui nganada makapha horhailaga ning kathar eina kharing atam tharan kazingramli matha khamei apamla samphang shappa. Kazingram chiya hithada khaihai: Paradise, First Kingdom of Heaven, Second Kingdom of Heaven, Third Kingdom of Heaven, and New Jerusalem.

Paradise kazingram hiya Jesuli Christali khuisangda huikhami bingwui vangna. Athumna kazing wungramwui ot masahailak mana. First Kingdom of Heaven hiya Jesu Christali khuisangda Varewui tui athishurda kharinga athum bingwui vangna. Hina Paradiseli mathamei kharra. Second Kingdom of Heaven hina leikashi eina ngasoda Varewui tui athishurda kharing bingwui vangna. Third Kingdom of Heaven hina wuklungwui makapha horshapta tharmathengmi kahaiwui thili Vareli nganailak eina ringkashap athumbingwui vangna. New Jerusalem hina Varena ningyang kha-ung shitkasang leikashap athum bingwui vangna.

New Jerusalem apam hiya mapung kapha leikashi leikahai

Varewui naongara bingwui vangna. Jesu Christa maningla apam hili khipakha mazangrar mana. Kha ithumla Jesuwui ashee manga eina mashungmida mapung kapha shitkasang leishapkha apam chili zangshapra.

Apam chili zangshap khavai ithumna Prohowui ningkachang mirin chili ringphalungra. Chiya leikashi hina. Leikashi hi leida Mangla Katharawui athei chiko kala Beatitude leihaikha Varewui nao ngasa chaora. Hiwui eina ithumna seiha sada kapopo samphang shapra. Leikashi hina New Jerusalem zangkhavaiwui shongfana.

"Khipalikha leiman mazang alu, leishida ningnai shingaroklu. Akha eina akha leishi khangarok hi ain ungshung khavaina. Ningkhameli "Phophashara, shaothatshara, lishara, ningchang shara" da kapihai; kha saikora hi kala ningkhami khangatateila, "Na khalata leikashi thada nawui khongnainao lila leishi phalungra" kaji ningkhami hili zangserra. Leikashi china khongnainaoli khayon masalak mara. Chiwui vang eina leikashi hina ain hi ungshung ngasaka."

Romans 13:8-10

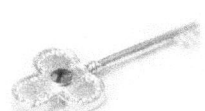

Part 3

Leikashi hina Ain Ungshung Ngasaka

Chapter 1 : Varewui Leikashi

Chapter 2 : Christawui Leikashi

Varewui Leikashi

"Chieina Varena ithumli leikashi khalei chi ithum khalatana thei kala shitsanga. Vare leikashina, leikashili khalei a chi Vare lei kala Varena ali lei."

1 John 4:16

Quechua Indiansli ngasoda ot sada leilaga Elliotna Huaorani Indian tribeli valaga aming kazat mi akha ngasa khavai hotnai. A eina missionary mati Ed McCully, Roger Youderian, Peter Fleming kala athumwui pilot Nate Saintna airplaneli zatta leilaga Huaorani Indian bingli pao phaongaroklaga gift kachungkha chihotai. Kha leilaga Curaray Kong ngalemli shim akha saka khavai pohaowa. Chili athumli airplane eina tangda milaga "George" (kachangkhatwui amingna Naenkiwi) kaho mi akhan thaowa. Chiwui eina athumna Huaorani apamli yaothui khava tharan athumli January 8, 1956 thang sathat haowa. Ed McCully mazangla kateiwui phasa bingchi reokacham chamda samphanga.

Hithada Elliot kala awui ngasotnaobing chi mashun apong eina thihaira kaji okathui mibingna shahaoda page 10 wui Life Megazineli kapida phong haowa. Hi kathei eina mi kachungkha vareshi missionary ngasangai haowa. Agahara thikahai eina Elisabeth Elliot kala katei missionary athumna Auca Indianli pao rahashoka, chili mi kachungkha huikhuiya.

Khipalikha leiman mazang alu, leishida ningnai shingaroklu. Akha eina akha leishi khangarok hi ain ungshung khavaina. Ningkhameli "Phophashara, shaothatshara, lishara, ningchang shara" da kapihai; kha saikora hi kala ningkhami khangatateila, "Na khalata leikashi thada nawui khongnainao lila leishi phalungra" kaji ningkhami hili zangserra. Leikashi china khongnainaoli khayon masalak mara. Chiwui vang eina leikashi hina ain hi ungshung ngasaka (Romans 13:8-10).

Leikashiwui ngachaili chuimeikap kaje chiya Varena ithumli leikashi hina. Apuk apaka kala mikumoli Varewui leikashi manga eina kasemna.

Varena Leikashi manga eina Ot Katonga Kasem

Haokaphokli Varena apuk apaka yaovada leisai. Apuk apakahi aruihon ithumwui apuk apaka maning mana. Chiya haokaphok kala katang makhangava apuk apakana. Ot katonga hi Awui kaphaning eina vaiya. Thakha Vareva ot katonga sashaplaga khiwui vang mikumoli semhao khala?

Maramma Ana semkahai okathui kala kazingram hi Awui naongara eina ngasoda okthuirum ngaiya. Awui ningkhan eina semkahai apam hili Awui naongarali chipam ngaiya. Ala ningla mikumo eina ngaraichai – ithumwui leikashi mibingli ngasopam khangai kathana. Hiwui kachihan eina Varena mikumoli semkhuiya.

Rimeithuida Ana manglawui okathui eina phasawui okathui semma, chiwui eina kazingrao bing kala chiwui ot katonga semma. A eina Awui naongarabing pamkhavai kazingram kala mikumo pamkhavai okathui semma. Laga atam kasangkha leilaga okathui ngalei, zimik, kachang, sira, kala chiwui alungli khalei ot katonga semkhuiya.

Varewui ngalemli mashan kharar kazingrao lei; athumma robot thada kahang khanganana. Athumli Varewui leikashi alungli okthuingasak khavai kasem maning mana. Chiwui vang eina mikumoli kasemna. Kahang nganalak kahai robot eina nathumwui nao ngaraicha paila? Nathumwui naongara bingna kahang mangana lala robot liya athumli leishimei kharra. Vare mikumoli leikashi chi hithai. Ana wuklung ning khangava Awui nao ngara shokngasak ngailaka. Hithada Ana mikumo Adamli semhaowa.

Adam semkahaiwui thili zingshoshongli Eden yamkui akha semkhuida chili chipamma. Apam chili awon khamathatha kachungkha won kala sayur vayur kachungkhala leida mathalaka. Atheila kachungkha matheiya. Masila nimshimri phanda chingri hai. Kahorwui alungli tara kapkashok chi gemstonewui machu thada shokka. Hiwui khamatha kala tekhamatei hiya mikumowui ning eina machukmaja varar mana.

Varewui Adamli khangachonna Eve hoda mi akhala semkhui. Adam mang ngachakyang haorada theihaoda ali kasem maning mana. Amang phalung haora kaji chi Varena theiping hairasai. Hithada Adam eina Evena sayur vayur kala ot saikorawui akhava sada Vareli ngavaplak eina okthuisai.

Varena Mikumoli Awui Khamashunga Naongara Ngasa ngasaka

Kha Adam eina Eve anina Varewui khamashunga nao sakhavai khikha akha vat-haowa. Anili Varena leishilak lala anina chi matheirar thumana. Anina sakakhui akhala mazangla Varena ot katonga mida okthui ngasaka. Kha anina hi mathei thuda Vareli maningshithei thuwa. Kachot kachang kala kathi kasar kahola matheithu mana, chiwui vang mirinwui aman kasak hila matheirar thuwa. Yangkharing khangarokla maleithuda leikashiwui aman kasakla mathei thumana. Anina mik kala ning eina theilala wuklung mazangshungrar thuwa.

Adam eina Eve anina kashi kapha theikhavai thingrongwui athei shaikahaiwui maram chi hili lei. Varena "kha kashi kapha theikhavai thingrongwui athei chi mashaipai mara, kaja nana chi shaithang thira" da hanga, kha anina kathiwui kakhalat mathei thuwa (Haokaphok 2:17). Athei chi shaihaora kaji Vare matheimala? A theiya. Thalala anili shairaka mashaira khala kajiwui ningkhan chi khamina. Hiwui eina mikumoli ngatang kakhui haophoka.

Hiwui alungli mikumoli kachot kachang, chara kata, kala kathi kasar shonkngasak laga mirinwui aman kasak kala kachangkhat ringkapha chi theikhui ngasaka. Chiwui thili mikumoli Eden eina Yamkuili langkhamei kazingram lila vapan ngasakngai.

Adam eina Eve anina Varewui kahang kaikahai eina Eden yamkuili mapanlui mana. Kala anina akhava sakasa chiwui pangshap shiman kahai eina sayur vayur kala ot katonga nala khonshi haowa. Okathui ngalei hi sokhamina pemting eina leisai, kha ara khonshatwui alungli leihaowa. Chiwui eina kashāt kathala kharhaowa, chiwui alungli ot panglak eina sada okthui haowa.

Anina kahang kaihaowa chilala katei apamli vapanlui shitki kajili leihaoda Varena anili sahuiwui phahon kachon sakhuimi (Haokaphok 3:21). Hiwui otshot hi avavana athumwui naongara bingli lairik vatam khavai kachiholi mamathan kharar chithada Varelila kashokna. Hithada Varena leishilak lala mikumo morei sahaoda Awui eina tathui haowa.

Romans 1:21-23li hanga, "Kachiwui vangkhala kaja athumna Vareli thatheilaga ali Varelaka da khaya mashi mana kala ningkashila mami mana, athumna phaning phapha machuk phaphada athumwui ninglila mashun makhui malei thumana. Athumna thangkhameina da hangman mada mangkhama ngasa haowa. Kala athumna kathi makhangava Vareli makhorumla thikapaiya mikumoli, vanaoyur bingli kala pharapharali ngamanda sakakhui ama bingli khorum haowa."

Morei kaphunga mikumoli ngatangkhui khavai Varena Israel

yurjatli kapangkhuiya. Athumna Vareli ngavapta okathui tharan matakhak kahai ot kachungkha Varena sachitheida sokhamina pemtinghai. Kha athumna Varewui eina tathuida meomali khorumthui kahai tharan athumli kankhui khavai maran kachungkha chihoshoka.

Maranwui ngachaili Israelwui ngalei kaikahaiwui thili khara Hoseala akhana.

Thangkha Varena Hoseali hanga, "Napreiva sakhavai khayor shanao akhuilu kala khayor shanaowui nao phara khuilu" (Hosea 1:2). Shuikhangarui shanao akhali maran akhana kakhui hi machukmajarar mana. Hithada Hoseana Varewui kaphaning matheilala kahang nganada Gomerli apreiva sada khuihaowa.

Ani nao kathum pharai, kha Gomerna mi vapanluishit haowa. Hieina tangda Gomerli leishiching khavai Varena Hoseali hanga (Hosea 3:1). Chieina ana pheisa fifteen shekels of silver shanda apreivali shim ho-ungluishitta.

Hoseana apreivali leikashi hi Varena mikumo ithumli leikashili chansam sai. Kala Shuikhangaruiva Gomer hina morei kaphunga mikumoli chansam sai. Langmeida Hoseana Gomerli apreiva sada kakhui hi Varena morei kaphunga mikumo ithumli khuikhami hili chansam sai.

Mi saikorana kathiwui eina mai ngarei-ung khavai Awui leikashi chi chitheimi. Athumna okathuili ngasotnao sathuihailala

"I nathumli makhuimi luimara" da mahanglak mana. Ana ava avā ngarana mathui kahai naobingli shimli han-ungkhavai khangarai thada morei kaphunga mikumoli ngaraimi.

Haokaphokwui eina Varena Jesu Christa ngaran kahai

Luke 15li kapi kahai shuikhangarui naowui chansam hili Varewui wuklung chitheimi hai. Kashang khare shimkhurli rarka haokada nao agatopa hi avāwui ning kala mirinwui aman kasak matheirar mana. Thangkha ana samphangran shimluikat mihaolu da rapo haowa. Avā ringda leilaga shimluikat rakapo hiwui kakhalat hi shiman kahai naona kajina.

Ana kapo athishurda awui samphangran lan chi miser haowa. Anao china ringphalak eina apam akhali yaothuiva haowa. Chili ashavā "Inaoli khi shokra khala? Makapha mi samphangkha katha sido?" da phainglaga wuk-khananglak haowa. 'Katharan shim han-ungni khala' da chukhamajana mathada pikakhuila mana.

Naopa chiwui pheisa kupmaman kahai eina ning chotphok uwa. Chili khikha sakhavai maleithuda hokwui zat mikaza rao akha vasada zat thaina kahai thang hokzat eina tangda zangailak haowa. Hili ashavāli ngasokapam chi phaning-ungda shim hankha-ung tharan khayakna haida akui eina tangda makhangkarar thuwa. Kha ashavāna ringphana haida vangavam khuilaga kiss sai. Ana khikha khayon maphenlakla phahon khamatha ngavaimi kala sala taithatlaga ngasotnao bingli phazat hoi. Hi Varewui leikashina.

Varewui leikashi hi matailak kahai mi mangli mami mana. 1 Timothy 2:4li hanga, "Ishameina mi saikorali kahui samphang ngasakngai, khamashungwui ponglila theikhui ngasakngai." Ana huikhamiwui khamong chi shohailaga mi khara kachivali ringkapha eina samphang khuimi.

Hithada khanao eina tangda mi kachivali huikhamiwui shongfa hi shomi chingda khaleina. Hiwui shongfa hi Jesu Christana. Hebrews 9:22li "Kachangkhata ainwui athishurda ot saikora ashee eina tharmi ngasak papama; kala ashee takhami maningla morei mapheomipai mana" da kapi kahai thada Jesuna awui ashee manga eina ithumli moreipamwui eina lokhuimi kahaina.

1 John 4:9li Varewui leikashi maramli hithada kapihai, "Varena awui leikashi athumli hithada chithei; awui naoho naotong chihorada awui manga eina athumli kahui samphang khavai sai." Varena Jesuwui ashee tamingasaklaga mikumoli moreiwui eina ngatangkhuimi. Jesuli krush tungli shaothata kha kathumthangwui thili ringlui laga kathi kaholi yuihaowa. Hiwui manga eina huikhamiwui khamong hi shohai chingda khaleina. Varewui nao ithumli khami kaji hi kapaiwui ot maning mana.

Koreawui tui akhali hithada hanga, "Ava avāwui miktali anao ngara bingli rekhareklala matheimi mana." Kachangkhatva ava avābingwui mirinli anaongara bingwui mirinna sakmeida khuikhangarokna.

Hithada Varena Anao Mayarali ithumwui vang chikat khami kaji hi Awui leikashi kachitheina. Hithada Jesuli khuikasangbing katang makhavai kazingram samphangra. Hi kayakha leikashiwui tuina chisido! Kala Varewui leikashi hiya hili matang mana.

Kazingramli thanva khavai Varena Mangla Kathara mi

Jesu Christali khuisangda morei pheokhami samphang khavai Varena lemmet sada Mangla Kathara ithumli mi. Prohona kazingram kahaithang machinme akha sada okathuili Mangla Kathara chihorai.

Romans 8:26-27li kapihai, "Chithada sada Mangla chinala ithumwui makharar chili rangachonna. Kaja athumna kathada seiha sarakhala kaji eina tangda mathei mana. kha Manglana kayakha chota ithumwui vang pomi khala kaji khamor eina mahangrar mana. kala mibingwui wuklung katheiya Varena mangla chiwui kaphaning khikhala kaji thei, Mnagla china Varewui ningkachang athishurda vareshi bingwui vang pomida lei."

Ithumna morei sakahai tharan ning ngateishap khavai Mangla Kathara chapngada kathuka tui eina Vareli phayetmi. Shitkasang khangazan bingli pangshap mi kala kachihan makhalei bingli kachihan leingasaka. Avabingna anao ngarabingli khalum thada Anala ithumli lummi. Hithada Varena ithumli kayakha leishi khala kaji chitheimi khavai Ana matuimi chinga kala kazingram apam lila vazangshap khavai thanmi chinga.

Ithumna hiwui maramli thukmeida theikha Vareli leikashi maningla khikha masarar mara. Ithumna Vareli leishikha Anala ithumli leishiya. Ithumli phasa kaphala mida ot kasasali khamahaila samphang ngasaka. Ana manglawui ain athishurda hi sakhamina, kha mataimeikapta Ana ithumli kayakha leishi khala kaji theingasakngai da kasana. Hithada kapihai, "Ili leikashi bingli ina leishi, ningsanglak eina kapha mina ili samphanga" (Chansam 8:17).

Nathumna Vareli samphangda kazat kharai samkaphang tharan khi phaningkhala? Vareva morei kaphungabing lila leishi kaji nathumna phaningkhui. Langmeida 'Shamadruna muk kala kazingramna lairik ngasada Varewui leikashi maramli kapida kakup mangava mara' kaji tui hi nathumna phaning ungra. Laga kachot kachang, chara kata, kala wukakhanang makhalei kazingram chi phaningvada nathum ringkaphana pemhaora kaji hi ina shitsanga.

Ithumna Vareli rida leikashi maning mana. Ana rilak eina ralaga leikashi rakachitheina. Ithumli leishiranna da leikashila maningmana. Ana thada leishina haida Awui Naoho chi ithumli moreiwui eina ngatangkhuimi khavai okthuili chihorami. Ava akhana na shimanda khalei angangnao akhali mamalai kharar chithada Varena ithumli lumlaka (Isaiah 49:15). Ana zingkum thingkha hi thangkha thada khuimilaga ithumli ngaraimi.

Varewui leikashi hiya khangachei malei mana. Ithumwui vang ngaranmi kahai sina kala aman kasaka ngalungna kapem kazingram chi ithumna vathei thanga tekmateilak haora. Varena ithumna okathuili leilaga eina tangda saman miya, kha hili mataimeida katang makhavai kazingramli sokhami mikhavai ngaraida lei. Awui leikashi chi kayakha mapung phakhala kaji ithumna theisa.

Chapter 2 — Christawui Leikashi

Christawui Leikashi

"Christana ithumli leishida ithumwui vang Vareli ningyang ungkhavai nganamkapha kachikat kala phaphaya khami chithada nathumla leikashiwui lungli yaothui zatalu."
Ephesians 5:2

Masakharar ot sakhavai leikashili pangshap lei. Matailak eina Vare eina Prohowui leikashi hina. Hiwui manga eina khikha makankhana mi chi kankhana mi ngasa ngasak shappa. Lairik makatam, khai kapha mi, morei kaphungana da khuikasa khashina khaloka, kachamma, kala rameinao athumna eina tangda Proholi samphangda kapha mi onser haowa. Athumwui kacham khangai kala kazat kashiwui problem solve samida mirinli masamphang lakrang kaje khamashunga leikashi chi kathei samphanga. Athum khalata makan khana mina da phaningkasa chi Varewui khutlai ngasaser haowa. Hi Varewui pangshapna.

Jesuna kazingramwui tekhamatei horser haida okathuili khara

Haokaphokli Varehi tui eina leisai kala Ana okathuili mikumo sada rai. Ahi Varewui khalumma nao Jesuna. Ana kathiwui shongzali zatta khalei morei kaphunga bingli rakanmi khavai kharana. 'Jesu' kaji amingwui kakhalatva moreiwui eina kankhami kajina (Matthew 1:21).

Mikumona morei sakahai eina sayurli mangatei thumana (Hashokme 3:18). Chiwui vang eina athumli rakanmi khavai Jesuli siguishim akhali pharai. Chieina Ahi mikumowui kasha kaza ngasa haowa (John 6:51).

Matthew 8:20li kapihai, "Ramfawui akhurla lei, khamasaili yongkazata vanao bingwui athipla lei, kha miwui Nao mayarawui ngayaizangda ngasamkhui khavai apam akhala malei mana." Hangkahai hithada Awui ngayaipi khavai apam maleimada lamhangli kasik kasa khangda ngaya pizatta. Maphakaza atam kachungkha samphanga. Hi A khikha masathuk mada kaji maning mana. Hi ithumli kacham khangaiwui eina kanmi khavai kasana. 2 Corinthians 8:9li hanga, "Proho Jesu Christawui lukhamashan nathumna thei; kaja ana shanglaklala nathumwui vang eina chamhaowa; awui kacham chieina nathum shangkhavaina."

Jesuna Cana apamli shakaza valaga tara chi zam onkhangasak eina awui ministry haophoka. Hithada ana Judea eina Galilee apamli pao hashokta matakhak kahai ot kachungkha sachithei. Pharrei kazat, phei katek, kala kameo kazang mi kachungkhali raimi. Zimiksho mati thida phasa nganamshiphok kahai mili eina tangda rin-ung ngasaklaga chikhurwui eina hoshoka (John 11).

Mibingli Vare khipakhala kaji chithei khavai hotnada Jesuna hikatha matakhak kahai ot sai. Langmeida Ahi Varena chilala ithumna tamkhui shakhui khavai Varewui ain mathalak eina mayonna. Chithalala ain makhamayon bingli ana khayon maphen mana. Mi akhamang lala kahui samphangkha chida ana khamashunga maram mili tamchithei.

Jesuna Ainwui athishurda mili bichar sasakha khipakha huikhami masamphangrar mara. Varewui Ain hiya salu, masalu, makapha horhaolu kala mayon khangayibing chi mayonlu da kaso kahai tui china. Chancham sada "Sabbath zimiksho mayonlu, khongnai bingwui ot makaram alu, nava navāli khaya shilu kala makapha apong saikora horhaolu" kaji hikatha hina. Ain saikorawui atazan chiya leikashina. Hithada nathumna ain katonga mayonkha mili leishishapra.

Kha Varena leikashi hi otsak mang eina masachithei ngasakngai mana. Leikashi hi wuklung eina haophok ngasakngai. Jesuna Varewui ningkachang chi theida Ain saikora leikashi eina ungshung khangasakna. Mathalak kahai chancham akhava phokapha shanao akhali tukkakhui otshot hina (John 8). Thangkha ain kathembing eina Pharisee bingna phokapha shanao akhali tukhuilaga yaruiwui alungthungli nganing ngasaklaga Jesuli hanga: "Hikatha shanaoli lunggui eina horthat phalungrada ithumwui ainli Mosesna kasohaida lei. Nana khi phaning khala?" (John 8:5)

Hiwui tui khangahan hi Jesuli khayon phakhavai apong kaphana. Atam hitharan shanao china khi phaningsara khala? Awui morei yaruina theiser haira chida khayaklak sara, kala ali ngalung eina thamthat haora kaji theida ngacheelak sara. Jesuna mayami hairasakha ali ngalung eina thamthat haira sara.

Jesuna Ainwui athishurda ali bichar salu machi thumana. Kha ana ngaleili kui mashing zangda pangmareng eina lairik kapi. Ana kakapi chi mibingna toilak eina kasa moreiwui maramna. Moreibing chi kapishok kahaiwui thili ana nganingkada hanga, "Morei masalak kaje mi china shanao pava hili lunggui eina thamrithui ranu" (v. 7). Chilila ana kui mashung zangda kapi luishitta.

Hiliya mibingna morei kasa katonga chi kapishok miser haowa. Chiwui einava mibing chi mathang mathang thuimaman haoda Jesu eina shanao mang taihaowa. Tuiza 10 eina 11li hanga, "He shanao athum kali vaser haokhala? Nali khayon mikhavai khipakha maleithula? 'Khipakha malei mana Amei' da ngahankai. 'Phai chithakha inala nail khayon mami mana. zat-ulu, laga morei masaluilu.'"

Phokaphawui tandi hi ngalung eina thamkathatna kaji hi shanao china mathei khala? Ana theiya. Kha phasawui khamathang chili mayuirar thuda morei sahaowa. Chiwui vang eina ava kathili ngarai kapamna, kha Jesuna awui morei pheomi kahai hi theida ali kayakha mathuk sanido! Hithada ana Jesuwui leikashi chi theida morei masaluingai mada leira.

Thakha ain hi makannalui mala? Maninglak mana. Jesuna hanga, "Ain eina marantui shiman ngasakida I kharana da maphaning alu. Chi shiman ngasakida khara maningmana, kha chi ungshung ngasak khavai I kharana" (Matthew 5:17).

Ain khalei wui vang eina ithumna mapung kapha eina Varewui kaphaning shokngasak khangaina. Mi akhana Vareli leishiya kaji hi kayakha thukhala kaji mathei mana. Kha ainwui manga eina leikashi chi kayakha thuk kala kashungkhala kaji yangpai. Mi akhana Vareli leishi kachangkhatkha Ainla mayonshapra. Awui vanga ain chi mayonkida masak mana. Langmeida ana ain chi mayonda leilaga eina tangda sokhamila samphanga.

Kha Jesuwui atamli ain kathem binga Ainwui alungli kazang leikashiwui maram chili ning masang mana. Athumma wuklung tharmatheng khavai masala khimamei khamayonli akachang sai. Athumna ain khamayon mi sai kala ngalangda mili bichar sapamma. Hithada ngasho ngacheida Jesuna Ain chili kazang leikashiwui maram chi tamchithei akha ahi kameo kazanga mina da khuiluiya.

Aina khamayon eina Pharisee bingna manglawui maramli kankhana masamphanglak mana (1 Corinthians 13:1-3). Athumna wuklungwui khamakhao chi mahorhailak mana, kha mili bichar sapamma. Hithada athumna Varewui eina katavali thuihaowa. Matailak eina athumna Jesuli krush tungli shaothat shappa.

Jesuna kathi eina tangda krushli mangacheela kahang nganai

Zingkum kakathumna Jesuwui ministry akup lamshongli ana Olive kaphungli vai. Chili ana ngaya sailungli ali sakathat apamshong mai ngareilaga thuklak eina seiha sai. Awui ashee manga eina mi saikorali kahui samphang khavai seiha sai. Kala ana krush tungli samphangki kaji kachot kachang chili yuikhuishap khavai seiha sai. Thuklak eina seiha sada awui shairenra chi ashee eina ngasoda longtai da hanga (Luke 22:42-44).

Ngayashong shipai bingna Jesuli tukhuida question ngahan khavai khuiphung haowa. Pilatewui court chili ali sathat khavai khamaya mi. Romanwui shipai bingna kashatwui kuihon ngahon mida ali sathat khavai apamli shimenva haowa (Matthew 27:28-31).

Awui phasa ashee manga. Ngaya shaomi thaida krushla ngava ngasak laga Golgotha apamli khuivai. Mi kachungkhana ali shura. Atam akhali mibingna 'Hosanna" da vaokasa chi "Krush tungli shaothat haolu" da vaozatpam haowa. Jesuwui mai ashee mang haida awui azakla mamachutpai thuwa. Pangshap kupser haida pheikar akha eina tangda makarkhuirar thuwa.

Golgotha vashung kahai eina mikumoli moreiwui eina ngatangkhui khavai Jesuna krush tungli thimi haowa. Ainwui saman athishurda kathili zangkahaiya athum bingli ngatangkhui khavai krush tungli thikhami maningla katei apong maleimana (Romans 6:23). Ithumwui ningli sakahai morei chi pheomi khavai ana kashatwui kuihon ngahonmi. Kala ithumwui pang eina pheina sakahai morei pheomi khavai ali pheipangli yotpi eina shaosang ngasaka.

Mangkhami mibingna Jesuli mana shipamma (Luke 23:35-37). Kha khangashei saikora chi khangmamanda athumli pheomi khavai Jesuna seiha. Luke 23:34li hithada kapihai, "Ava, athumli pheomli, athumna khi kasa khala da mathei mana."

Krushli shaokathat hi mi sakathatli sashimeithui kaji apong akhana. Hi matik kacha tandi sada makapha mi akhali sakathatna. Aphei apang yotpi shaoshanda asala serkazamma. Hithada hiwui apong hiya ashee kachungkha shoka. Hithada ngalangda maningla ngairon eina mili thingasaka. Hili aka akainala ashee ramachim pamma.

Jesuna krush tungli leilaga khi phaningsara khala? Awui phasali khangashei kakhangwui kachot mang maningmana. Kha matailak eina khiwui vang Varena mikumoli semhao, kathada Ana mangla chikatmi phalungki chihao, kala morei kaphungbing ithumwui vang kathada phayet mira kaji hikatha phaninglaga Vareli ningkashi kala masot khami eina ngasoda seiha sapamma.

Jesuna pung tharuk shikha khangashei khang mamanlaga hithada hanga, "I rachanghaira" (John 19:28). Hi mangla huikhui khavai wui rakachangna. Okathui mi kachungkhali krushwui paokapha hashoklaga mangla huikhui khavai ana chukmajada seiha kasana.

Khanaowali "Ngachang haira!" (John 19:30) kala "Ava, nawui

pangli iwui mangla horsangli" da khanaowa tui hanglaga khaksui ngasam haowa (Luke 23:46). Ana huikhamiwui ot kuphaida awui mangla Varewui pangli horsang haowa. Hiwui atamchang hina leikashina ain ungshung khangasak hi.

Chiwui eina moreiwui phakho chi sakhaimi haida ithum katongana Vareli chan ngazekpai haowa. Ridava pangmonbing mangna mibingwui mahutli morei pheomi khavai Vareli chan ngazek kasana, kha ara chi mathalui mana. Jesuli khuisang kahai mi kachivana kathara shimli rada Vareli khorumpai haowa.

Jesuna Kazingramli Pamkhavai Pam Ngaran khami

Jesuli masathat ranglaga awui sakhangatha bingli naoda shoki kajiwui maramli hanghaisai. Varewui khangaran athishurda Jesu krush tungli thira kaji hi hanghaoda sakhangathabing ning chotlak eina leisai. Ara athumli ringpha khavai sada ana kazingramwui maram chi chitheimi.

John 14:1-3li kapihai, "Wuk makhanang alu; Vareli shitsang malu, kala ilila shitsanglu. Ishavawui shimli pamkhavai ka kachungkha lei; chi maningsi kaja ina nathumwui vang pam ngaran urada hangrala? Kala nathumwui vang pam angaran hailaga nathumli rahokhui luira, chieina I khalei pamli nathumla leira." Kachangkhat eina Jesuna kathili yuihaida ringshoka kala ana kazingram kakahai chi mi kachungkhana ngashan pamma. Hi ana ithumwui vang kazingramli pamkhavai apam vangaran kahaina. 'I kazingramli nathumwui vang pam vangaran ura' da hangkahai hiwui kakhalat hi khikhala ithumna yangsa.

1 John 2:2li hanga, "Christa a khalata hi ithumwui morei pheomi khavai apongna; ithumwui moreiwui vangmang maningla apuk apakawui vangna." Hi Jesuna moreiwui phakho chi sakhaimi haida mi kachivana shitkasang manga eina kazingram zangpai kajina.

Kala "Ishavāwui shimli pamkhavai ka kachungkha lei" da Jesuna kahang hi mi kachivana huikhami samphangda kazingramli zangpai da hangmaran khami tuina. Ithumna Jesu Christawui ashee manga eina Vareli 'Avā" da hokashapwui vang ngaran kahai apam chili vazangshapra.

Arui eina tangda Prohona ithumwui vang Vareli phayetmi chingda lei. Kakhum eina Varewui wungpamkhong mangali Jesuna ithumwui vang seiha sami chingda lei (Matthew 26:29). Mangla kachungkha huikhami samphangda kazingram zangshap khavai ana ningkharikta seiha eina pokhamina.

Langmeida hakhamaha bichar sakup kahaiwui thili Jesuna ithumwui vang ot samiluishitra. Bichar chili mibingna sakahai maram katonga pheishok mira khuishok mira. Kha Jesuna ithumwui vang nganingmida kazingramli thanvamira. Okathuili rada mikumowui kasa khava katonga theihaoda Jesuna advocate akha sada vareli phayetmira. Kathada ithumna Jesu Christawui leikashi maramli theipaira khala?

Vare nava Awui khalumma Naoho chi ithumli mida Awui leikashi chitheimi haira. Leikashi hiwui manga eina Jesu nala awui ashee ithumwui vang tami kashapna. Hikatha leikashi manga eina ithum lila kachungkha shida mili pheomilu kajina. Hikatha leikashiwui eina ithumli khipana ngapak ngasak shapra khala?

Romans 8:38-39li paokazata Paulna hanga, "Kaja kathi nala, kharing nala, kazingrao nala, khangam khare nala, shokta khalei ot nala, shoki kaji ot nala, pangshap nala, okathuiwui atung nala, azing nala, sakahai saikora hiwui khi khikha nala Christa Jesu ithumwui Prohowui alungli khalei Varewui leikashi chiwui eina mangateithui ngasakrar mara."

Pao kazata Paulna Vare eina Prohowui leikashi chi theida awui mirinla chikat shappa. Langmeida leikashi hiwui manga eina ana Gentilenao bingli paokapha hashok shappa. Ana Varewui leikashi hi otsak eina ringchithei kashapwui vang mangla kachungkha huikhui kashapna.

Paul hi 'Nazarene sectwui kathanna akhana' da theiserlala ana preacher akha sada mirin chikat haowa. Ana Vare eina Prohowui leikashi okathui apam kachivali ngayaovai. Ara nathum saikorana Varewui Ain mayonkashap nao avava sada kazingram New Jerusalemli vada Vareli katang mavaila Awui leikashi alungli

Kapime:
Dr. Jaerock Lee

Dr. Jaerock Leehi 1943li Korea Republic wui Jeonnam Province Muanli pharai. Zingkum makali zatlaga Dr. Leehi zingkum shini maraikapai kazat kazapamda marailuimarada phaninglaga kathi honpamma. Thasayilala 1974 lumkacang ra-uki kachi atamli thangkha ashachonna church akhali hovalaga chili ana khuktida seiha vakasa eina ngalangda awui kazat katonga kharinga Varena raimi haowa.

Atam chitharan Dr. Leena hikatha matakhak kahai otshok hi eina kharinga Vareli samphangda hiwui eina Vareli nganailak eina okthuida 1978li Varewui rao akha sakhavai kapangkhui haowa. Varewui kaphaning kala kahang nganada ot sashap khavai ana thuklak eina seiha sapam chinga. 1982li Korea wui Seoul konungli ana Manmin central church shohaowa kala chili mashan kharar Varewui matakhak kahai kazat raikhami ot tarakha shokka.

1986li Korea wui Annual Assembly of Jesus' Sungkyul Churchli Dr. Leeli pastor akha sada ordain samiya laga zingkum matiwui thi 1990li haophoklaga Far East Broadcasting Company, Asia Broadcast Station, kala Washington Christian Radio Systemna awui sermon Australia, Russia, Philippines kala apam tarakhali broadcaste samiphok haowa.

Zingkum kathumwui thi 1993li Manmin Central Churchli Christian World magazine (US) na "World's Top 50 Churches" wui alungli chan-ngasak haowa, laga Christian Faith College, Florida, USA li Honorary Doctorate of Divinity samphanga kala 1996li Ministry kasa wui Ph. D. Kingsway Theological Seminary, Iowa, USA li tamkhuiya.

1993 wui eina Dr. Leena Tanzania, Argentina, L.A., Baltimore City, Hawaii, kala New York City of the USA, Uganda, Japan, Pakistan, Kenya, Philippines, Honduras, India, Russia, Germany, Peru, Democratic Republic of the Congo, kala

Israel ngalei hibingli crusade meeting kasali tarakhashida vathanna. Laga Jerusalemli ICC Israel crusadelila Jesu Christahi Messaiahna da hashokta Uganda CNNli chithei. 2002li khangarumma okathuiwui crusade tarakha sakazat wui vang Koreawui major Christian newspapersna ahi "worldwide pastor" da phongmiya.

2016 Septemberli Manmin Central Churchhi member 120,000 langhaowa. Ramli kala miramli Koreawui konung bingli church khalei zangda 10,000 church leiya kala ngalei 23li United States, Russia, Germany, Canada, Japan, China, France, India, Kenya, kala kateilila zangda missionary 129 chihoda lei.

Lairik phongkaphok wui eina thuida Dr. Leehi Mathiranglaga Katang Makhavai Mirin Khamazap, Iwui Mirin Iwui Shitkasang I & II, Khrush wui Pao Kapha, Shitkasangwui Khantam (Measure), Kazingram I & II, Kazeiram, kala Varewui Pangshap hibinghi zangda lairik 85 kapihaira. Awui otbinghi tui 76 langmeida khalatshok haira.

Awui Vareshiwui columnhi the Hankook Ilbo, The Chosun Ilbo, The JoongAng Daily, The Dong-A Ilbo, The Munhwa Ilbo, The Seoul Shinmun, The Kyunghyang Shinmun, The Korea Economic Daily, The Korea Herald, The Shisa News, kala The Christian Press li zangserda lei.

Dr. Leehi aruiruiva missionary organization kala association tarakhawui kathanna sada lei: The United Holiness Church of Jesus Christ wui chairman sada lei; Manmin World Mission wui President sada lei; The World Christianity Revival Mission Association wui Permanent President sada lei; Manmin TV wui Founder na; Global Christian Network GCN wui Founder kala Board Chairman na; World Christian Doctors Network (WCDN) wui Founder kala Board Chairman sada lei; kala Manmin International Seminary (MIS) wui Founder kala Board Chairman sada lei.

www.ingramcontent.com/pod-product-compliance
Lightning Source LLC
LaVergne TN
LVHW021814060526
838201LV00058B/3378